U0562962

欢迎来到收纳老师的家！

让孩子养成整理习惯的要领有以下三点：

① 只拥有适量的东西；

② 配合行动路线来做收纳；

③ 父母口头督促。

只要落实好这3点，即使是孩子做整理，也可以轻松愉快地做好。首先，请大家来看一下我家的日常流程，试着想象一下"孩子做整理"，有意识地让孩子多尝试自己来做整理收纳。

二女儿和三女儿的房间

伊东老师家的
平面布局图

我回来啦，这些全部都可以自己做到哦！

1 F

❺ 收纳：
做次日外出的准备工作。

❶ 玄关：
把鞋子收起来。

❹ 柜子：
放联络簿、信件。

孩子的房间

客厅

餐厅

❸ 餐厅：
挂外套。

洗衣机

洗衣筐

厨房

❷ 盥洗室：
拿出脏衣物等，洗手、漱口。

➡ 回家后的行动路线

2 F

贮藏室

卧室

孩子的房间

孩子的房间

4 LDK/116 m²/独栋
和丈夫以及大女儿、二女儿、三女儿组成的5口之家。

孩子
做收纳

一起来看看孩子从"我回来啦!"
开始的行动路线吧!

　　以我家为例,到家后最先要做的事情就是"把鞋子放进鞋柜",因为我根据孩子们的身高设计了专门放鞋的区域,所以孩子们轻松就能搞定。如果玄关没有鞋子的话,我们的心情也会大好!

玄关是一个家的门面

大女儿放鞋的位置

二女儿放鞋的位置

三女儿放鞋的位置

如果孩子们一回家就把脱下来的鞋放进鞋柜,那么玄关就能以一种干净整洁的状态迎接来客和之后回家的人!

放好书包之前，要先把脏衣物等放进脏衣篓！再去洗手、漱口。这样不仅轻松，还不会把污垢带进室内。我准备的是开口较大的脏衣篓，便于放入衣物。

直奔盥洗室！

洗衣筐

进自己房间休息放松之前，要先去盥洗室。漱口杯只有一个，全家共用。

孩子们一回家脱下外套就到处乱扔，搭在沙发上或者是餐厅的椅子上……有不少家庭是这样吧？

为防止这种情况发生，我在客厅进门处的墙上安装了挂衣钩，用来挂三个女儿的外套。只是挂一下外套的话，整理难度低，孩子们自己也可以做到。

只挂外套

如果使用无痕黏贴式的挂衣钩，墙面就不会被破坏。

在托儿所和幼儿园，"挂起外套"是孩子们必须要做的。我把家里也打造成了相同的结构。照片中的挂衣钩是用螺丝固定的。

联络簿以及托儿所、幼儿园的来信，一不小心就会忘记、忘拿出来。在视线容易停留、便于查看信件的地方设计一个收纳位置，这个问题就迎刃而解了。

这样一来父母和孩子都可以轻松整理好，所以我推荐大家试试这个方法。

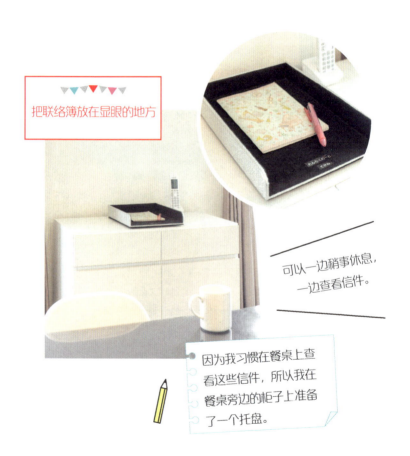

把联络簿放在显眼的地方

可以一边稍事休息，
一边查看信件。

因为我习惯在餐桌上查看这些信件，所以我在餐桌旁边的柜子上准备了一个托盘。

接下来,拿着书包走进客厅旁边的一个孩子的房间。

房间门口有像托儿所一样配套设置的抽屉,抽屉内已经做好整理收纳,只要打开其中一个,就能收拾好所有第二天出门要带的物品。

用一个
动作来完成准备工作

高:
22 cm

长:
53 cm

替换套装

袜子

毛巾

围裙

宽: 40 cm

把第二天孩子准备带去学校的东西都放进一个抽屉里。东西都集中在一个地方的话,孩子自己也能收拾好。

重点是，"一个动作就能完成收纳整理"。如果孩子们不得不从家中各个地方拿东西的话，他们不仅会有负担感，还会容易丢三落四。

　　另外，父母的说话方式也十分重要。我一般会在厨房里看着孩子们行动，然后说一些如"明天用的东西都准备好了吗？"之类的话。

让孩子学会整理，不仅仅要在"房间结构"上下功夫，"父母的说话方式"也很重要。让孩子意识到，"爸爸妈妈在看着你哦"，会让孩子们更加干劲满满。

都准备好了吗？

里面是厨房

小贴士

书包

贴上标签，东西该放在哪里便会一目了然！

第二天要用的东西都准备好了的话,孩子们就可以尽情玩耍了。

尽情玩吧!

今天想画画!

把搭配使用的东西汇总起来的"组合收纳"。把用过的东西都一一归位之后,不管是要用还是收拾都会轻轻松松!→详细内容请看第四章第4节。

水笔 绘画册　白纸 彩色铅笔 橡皮

如果孩子们清楚哪里放着什么，知道"东西的家"在哪里，那么东西的存取、整理也会变得十分简单。如果我们知道孩子们可以自己收拾好，即使孩子们摆放再多玩具在地上，我们也不用再操心了。

孩子喜欢收集各种玩具周边的话，推荐这种"玩具分类收纳法"→详细内容请看第四章第9节。

最喜欢的玩具都放到这个箱子里。

如果用A4大小的抽屉做好玩具分类收纳，就不会有"那个玩具在哪？"这种问题。

容易让人头疼的"小型玩具的收纳"→详细内容请看第四章第3节。

孩子
做收纳

保持"适量"很重要，
父母和孩子一起"严格挑选"所有物！

所有物越多，就会越难管理。学会整理的捷径就是，意识到所有物的"适量"问题。

我们现有的东西，应该是在自我管理能力范围内所有的东西，这样就可以不再添置多余的物品，减少浪费，从而也降低了整理的难度。

那么，具体来说，应当如何保证拥有适量的物品呢？

让我们来看看亲子之间简单可行的"严格挑选"方法吧。不要想着一口气把所有东西都处理完，我们先从一个抽屉开始！

STEP 2

STEP 1

今天我们一起把这个抽屉收拾一下吧！

把美纹胶带贴在正中央，把桌面区域分成"玩""不玩"两部分。

把打算整理收纳的东西全部拿出来。

11

你能做到吗？

STEP
3

你玩这个玩具吗？

STEP
4

把玩具一个一个拿起来，分成"玩"和"不玩"两类。

所有玩具都要按"玩""不玩"进行分类。

STEP
5

把分出来要"玩"的玩具装进抽屉。

STEP
6

我做到了！

这些你都自己做到了呢！真棒！

放回抽屉之后就完成了！

12

孩子
做收纳

父母通过每天的"口头督促",让孩子的整理习惯发生巨变!

孩子们会因父母的"说话方式"而充满干劲。在孩子养成习惯之前,我们或许会觉得很麻烦,但是为了孩子的成长,不妨让我们来试一试吧?

做法很简单!

？ 回家之后,首先要做什么?

我知道!
把鞋子收起来!

用猜谜的方式让孩子们回想起来。和由父母直接说"把鞋子收起来"不同的是,这样做孩子们会积极地动起来!

让我们来比比,妈妈洗碗和你收拾玩具哪个更快!

我一定会赢的!
我马上就能收拾完!

如果像做游戏一样的话,孩子们就会轻松地开始收拾,这也会帮助妈妈更快地完成家务!

 ？ 这个玩具的家在哪里呀?

我知道!
在这个箱子里!

这也是猜谜的形式。让孩子们自己来回答物品摆放位置的话,会调动他们自愿收拾整理的积极性。

? 明天要带的毛巾是什么图案的?

! 玩具在说"我想回家"哦

明天
要带星星图案的!

让孩子自己收拾第二天要带的东西,只要跟他们说"我在陪着宝贝呢",就能帮助他们逐渐养成这个习惯。

我得让你回家了……

换位思考玩具的心情,培养孩子的爱物之心。

? 是把这个留在"回忆箱"里呢?还是拍张照做纪念呢?

! 我特别喜欢这个作品♥

把这个留在
"回忆箱"里!

如果孩子从小就能养成不留恋过多东西的习惯,那么他们就会成为真正意义上能够珍惜东西的孩子。

这个是妈妈喜欢的!

孩子的作品,一定要放在家人容易看到的地方。用心装裱的话,会让孩子们有满足感,也更容易让他们对东西做出取舍。

孩子做收纳

从三岁开始就能做的整理收纳，让孩子和父母都可以笑容满面地享受整个过程！

　　从幼儿期就开始做整理的话，会给孩子带来很多好处！这里只介绍其中的一部分。

玩具

想玩玩具的时候，就能和喜欢的玩具一起尽情玩耍！

学习

桌子一直是干干净净，所以一想到"学习吧"就可以马上开动。

自我意识

自己的东西自己管理！

满足！

因为没有太多东西，所以每一个都会珍惜。

就算有孩子，房间也可以保持干净整洁！

把准备任务交给孩子！父母
只需叮嘱即可。

不用担心孩子们哭着喊着说"那个找不到
了"的时候再一起去找。

不再为收拾房间而烦恼，
父母和孩子都可以笑容
满面地享受整个过程。

"做得很棒""能一个人做完真了不起"……
学会像这样自然而然地去夸奖孩子。

收 纳
这样教

一步教出会收纳的自律孩子

[日] 伊东裕美　著

魏海波　杨本明　王睿华　译

上海远东出版社

图书在版编目(CIP)数据

收纳这样教：一步教出会收纳的自律孩子／(日)
伊东裕美著；魏海波，杨本明，王睿华译. —上海：上海
远东出版社，2021
(走进日本)
ISBN 978 - 7 - 5476 - 1694 - 9

Ⅰ.①收… Ⅱ.①伊… ②魏… ③杨… ④王… Ⅲ.
①家庭生活—学前教育—教学参考资料 Ⅳ.①G613.3

中国版本图书馆 CIP 数据核字(2021)第 028897 号

3 歳からできるお片づけ習慣
3saikaradekiru okatadukeshukan
Copyright © H.Ito 2019
All rights reserved.
First original Japanese edition published by NIPPON JITSUGYO PUBLISHING Co.，Ltd.
Chinese (in simplified character only) translation rights arranged with NIPPON JITSUGYO
PUBLISHING Co.，Ltd.
through CREEK & RIVER Co.，Ltd. and CREEK & RIVER SHANGHAI Co.，Ltd.
本书中文简体字版由 NIPPON JITSUGYO PUBLISHING Co.，Ltd.授权上海远东出版社独家
出版。未经出版者许可，本书任何部分不得以任何方式复制或抄袭。
上海市版权局著作权合同登记 图字：09-2020-163 号

策　　　划　曹　建
责任编辑　李　敏　王智丽
封面设计　图高视觉

收纳这样教：一步教出会收纳的自律孩子

(日)伊东裕美 著，魏海波　杨本明　王睿华 译

出　　版　上海远东出版社
　　　　　(200235　中国上海市钦州南路 81 号)
发　　行　上海人民出版社发行中心
印　　刷　上海信老印刷厂
开　　本　890×1240　1/32
印　　张　7.875
插　　页　8
字　　数　180,000
版　　次　2021 年 4 月第 1 版
印　　次　2021 年 8 月第 2 次印刷
ISBN 978 - 7 - 5476 - 1694 - 9/G·1093
定　　价　48.00 元

前　言

现在,孩子们已经进入在小学高年级课程上学习整理收纳的时代了。但是,一到 10 岁左右,孩子的生活习惯就已成形,要想改变孩子"不会整理"的习惯并非易事。

大多数孩子在成长过程中会觉得:"整理＝麻烦、费劲,做不好还会被骂,所以干脆别做了。"在孩子有这种想法之前,也就是在他们还未形成定性思维、想法还能被纠正的幼儿时期,让他们逐渐建立起"整理是一件很开心的事""整理,或者是把东西放回原位会让心情变好"的认知十分重要。

孩子一旦掌握了如何挑选所需物、如何衡量玩具数量、如何整理归纳的技巧,不仅收拾速度会肉眼可见地提高,就连面部表情也会变得越来越开朗。

另外,孩子在看着房间收拾得干净整洁的样子后,再要自己整理玩具时就会变得跃跃欲试。每次孩子们把房间整理完毕,我都会看到孩子们欢呼着"我自己也能收拾得这么整洁了"的雀跃身影。每当这种时候,我也会感到非常幸福。

为了让更多的孩子能体会到这种快乐,木书将为大家介绍整理收纳的结构组织和思维方式。

这本书是我在认真思考了如何让孩子主动去做整理后,运用自己担任保育员时所获得的知识和经验,以及以我的孩子为例的育儿实践经验所得出的"让家长和孩子都能笑容满面享受整理过程的整理技巧"。希望大家都能试试这些方法。

另外,本书不仅提到了"和孩子一起整理房间的方法",同时也回答了"如何与孩子相处""孩子在这种时候该怎么办"等问题。如果这本书能为您和孩子的沟通带来启发,那将是我的荣幸。

在还没养成整理习惯时,孩子可能会觉得有些吃力,这时不要让他们一口气铆足劲使整个房间大变样,要和孩子一起积累小的成功经验。这样一来的话,孩子一定能够独立做好整理收纳。

期望通过从幼儿时期开始进行的"整理教育",培养孩子未来在成长道路上"选择对自己来说重要的东西"的能力。

此外,如果您真切感受到"从小就开始教孩子学习整理收纳,真是再好不过了"的话,将是我的荣幸。

2019 年 6 月

收纳老师　伊东裕美

收纳这样教：一步教出会收纳的自律孩子

目　　录

前言

第一章　从幼儿时期开始做整理可以掌握的 10 种能力

第五章 让孩子自己做好次日外出准备工作的方法

第六章 这种情况怎么办？ 收纳老师告诉你！

书籍插图　kamo

摄影　RYOTA/Okataduke&Co

原书籍设计・OTP 初见弘一

第一章

从幼儿时期开始做整理
可以掌握的 10 种能力

孩子做整理可以掌握的能力①

爱 物 之 心

拥有物超出自己管理能力范围的可怕之处

我认为可以通过整理教育让孩子掌握以下 10 种能力。在第一章中,让我们逐一来看看这 10 种能力吧。

有时候我们发现,孩子会把玩具扔得到处都是,就算踩到也依然不理不睬。其原因之一是,玩具太多了。

无论是大人还是小孩,如果自己拥有的东西已经超出了需求范围,那么就很难学会如何去珍惜。于是,东西丢了也不知道,坏了也不在意,买新的就好了——渐渐养成这种习惯的话,我们的东西就会越来越多,从而陷入不爱惜物品的恶性循环之中。

为了避免陷入这种恶性循环,我们有必要创造一个能够让人珍惜所有物的环境,也就是说只拥有自己所需的物品,规定好所有东西的摆放位置。

从幼儿时期开始，如果自己的拥有物只在所需范围之内的话，自然就会激发出我们爱惜每一个物品的意识。

　　本书将会介绍，通过反复向孩子传递"东西也是有情感的"意识，让孩子养成整理习惯的方法。

　　这种表达方法，会让孩子自己想到"就算是玩具，被踩到的话也会痛""要是不爱惜玩具的话，玩具会很难过"，即使父母不直接跟他们这么说，他们也会这样想，从而学会爱惜物品。

通过整理教育来激发孩子爱惜物品的意识

学整理前

学整理后

孩子
做收纳

2

孩子做整理可以掌握的能力②

对物和人的同理心

 让孩子用同一种方式对待物品和他人

就像刚才说到的，在日常生活中，如果反复让孩子设想玩具的感受来进行整理的话，自然就会培养出孩子的同理心，能让他们和事物换位思考。

有一天，我 4 岁的女儿对比她年龄小的女孩说出的话，让我很感动。

当时，小女孩抱着一个大玩偶在玩。玩偶不能像人一样随意活动身体，小女孩对玩偶又拍又扔。女儿目不转睛地看着这一幕，一点点慢慢走到小女孩的身边，小声对她说："娃娃在喊痛哦。娃娃好可怜。"

之后那个小女孩一脸吃惊，停止了对玩偶的粗暴举动。

这个时候，如果以这种方式让孩子来换位思考日常事物的感受，就能够培养孩子的同理心。孩子对物品是这样，我相信他们自然也会站在他人的角度去考虑问题。

　　孩子不理解父母说的"赶紧收起来!"是什么意思,如果父母以孩子能够理解的方式说话,比如"玩具在喊疼哦""我觉得玩具想回家(收纳位置)了",让孩子和玩具换位思考,长此以往就算父母不再提醒,孩子也会自己去想象,从而能温柔对待物品和他人。

通过整理教育让孩子能够温柔对待物品和他人

学整理前

学整理后

孩子做整理可以掌握的能力③

坚持到底的责任感

把任务交给孩子很关键

整理的基础就是"管理物品"。

孩子到了 3 岁左右,就逐渐有能力管理自己的东西了。可以从铅笔、橡皮、胶水、笔记本、彩笔等文具类物品开始,给孩子建立一个能够让他们自己进行管理的收纳体系。

虽说是"体系",但也不需要弄得太复杂。只要准备好孩子专用的工具箱和抽屉,清楚地告诉他们如何把东西收起来,就算是 3 岁的孩子也能管理好自己的东西。

这招"把任务交给孩子",可以帮助我们培养孩子的责任感。

除此之外,本书中介绍的收纳方式,可以让孩子在整理时,自己把东西分成"用""不用"两类(详细内容请看第三章"步骤②")。父母可以给孩子做示范,但不要去帮他们或者多说什么。只要在旁边看着,就会让孩子觉得"我做到了""这是爸爸妈妈交给我的任务""今后我想自己试试",从而培养孩子的责任感。

让孩子自己管理自己的东西,从这些日常生活中的小事出发,带着一定目的去做事,不断积累经验。"宝贝竟然都做完了,真棒!"——父母可以和孩子分享完成任务的喜悦;"宝贝帮了我大忙了呢。谢谢宝贝!"——父母可以告诉孩子他们值得信赖。这会让孩子变得自信,让做整理变得越来越轻松。然后,在日积月累中,会慢慢激发孩子的责任感,打开孩子"自己试试看"的开关。

通过整理教育让孩子获得带着目的去做事的经验

学整理前

学整理后

孩子做整理可以掌握的能力④

通过成就感来提高的
自我肯定感

积累微小的成功经验十分重要

做整理时,孩子会拥有"我坚持到最后了"的经历。而且,看着焕然一新的屋子时会有发自内心的喜悦,还会有被一旁看着自己的父母夸奖时的自豪。

就这样,在日常生活中积累小小的成功经验,能让孩子体会到成就感,产生"我做到了"的自信,从而培养他们的自我肯定感。

据说,自我肯定感高的孩子,有自信,也有一颗勇敢的心,能够勇于挑战新事物。我希望孩子能够坦然表达自己,学会感谢他人,为能够被他人需要而感到开心。

如果孩子自我肯定感低的话,就会悲观地看待事物,遇到挑战时就会考虑风险,缩手缩脚,无法前进。

另一方面,在一些家庭中,经常会听到父母责备孩子:"你怎么连这点事都做不了!"如果持续下去,孩子的自我肯定感就会下降。

如果父母一开始不做好以下三步的话,孩子就无法独立完成整理。

① 设计便于孩子存取物品的房间结构;

② 用便签做标注,让物品摆放位置一目了然;

③ 父母每天在孩子做整理时进行口头督促。

我想,可以做到这三步的家庭并不少吧。

一开始可能会觉得麻烦,但步骤①和②只要做过一次的话,在物品不增加的情况下,就没必要再从头开始做起。步骤③如果形成习惯的话,父母就不会有那么重的负担感了。最重要的是,比起责备孩子"赶紧收起来",采取这种方式,父母和孩子的压力都会小很多。

如果创造一个有利于孩子做整理的环境,那么家庭的日常就会从父母责备孩子,转变为父母认可孩子、表扬孩子。只要父母让孩子意识到:"爸爸妈妈正在看着我,爸爸妈妈认可我。"孩子的自我肯定感自然就会被培养起来。

被父母训斥后才去做整理,整理得不好就会被批评——在孩子产生这种负面印象之前,让我们来给孩子创造一个方便做整理的环境吧。

第五章中详细介绍了如何来创造这种环境。

通过整理教育让孩子在日常生活中获得成功经验

学整理前

学整理后

孩子做整理可以掌握的能力⑤

思考力和判断力

整理是一种思维训练

从众多东西当中,判断哪些是自己需要的东西,对于大人来说也很困难。但这个判断是非常必要的,如果不假思索把什么都当成必需品,那么势必会让头脑和房间都变得混乱不堪。

据说,在孩子0~3岁时,要好好培养他们感受与表达的能力,3岁以后逐渐培养他们的思考能力。孩子在4~7岁左右正是思考能力成形时期,如果这个时候父母在孩子的任何事上都进行指导和引导,孩子就不会养成独立思考的习惯了。

把整理作为孩子自己思考、判断的契机是十分有效的。比如,孩子在生日那天要买新玩具的时候。当孩子看到心仪的东西时,就问孩子:"你觉得,在房间哪里给它安个家(收纳位置)好呢?"孩子就会进行思考。这一句话,就能够暂且打消孩子见什么买什么的念头。

　　于是,在成长的过程中,孩子会开始思考:"这个真的能用到吗?""现在的玩具和这个玩具,我会经常玩哪一个呢?"

　　如果平时就规划好了收纳位置,父母和孩子会意识到:"收纳玩具的空间就只有这里哦。"这样事先就很清楚了,因此便于父母和孩子考虑如何具体地去收纳玩具。

　　这会提高孩子的思考力和判断力。

通过整理教育提高孩子的思考力和判断力

学整理前

学整理后

孩子
做收纳

6

孩子做整理可以掌握的能力⑥

终生受益的"动脑筋的能力"

📦 整理收纳就是要不断地思考

　　为了让整理变得更加方便,我们必须要花点心思。首先,父母要先提供方便整理的点子。比如,这样跟孩子说:"我们一直都是在客厅打扑克,如果平时扑克牌不放在儿童房,而是放在客厅,最后是不是更方便收拾呢?"父母不擅自决定收纳位置,而是通过商量,让孩子觉得:"原来是这样!"给孩子一个发现收纳乐趣的契机。而且孩子也会产生"我也来想些点子""我也想有新发现"的想法。

　　当孩子在思考、在动脑筋时,建议父母先在一旁观望。即使孩子整理出来的效果不太好,父母也要认可孩子自己思考、动脑筋做出来的成果,给予孩子表扬。过后,父母再试着说出自己的意见。这样一来,父母和孩子一起找到容易存取东西的位置,再结合自身情况,就可以在收纳方法上下功夫了。

　　随着孩子的成长与生活方式的改变,孩子所拥有的物品也在发生变化,所以定期的整理收纳是必需的。这套程序在他们成年后仍会一直持续下去。做整理是为了让家里住得舒心,而且为了保证生活正常运转,方便东西拿出放回的收纳方式必不可缺。

　　一定不能放弃在收纳上面动脑筋,要一直持续做下去。因此我将在第四章介绍各种各样的收纳方法。

通过整理教育增强孩子的创新意识

学整理前

学整理后

孩子做整理可以掌握的能力⑦

有效利用宝贵时间的能力

找东西花费时间,带来压力

如果我们东西很多而且放得到处都是的话,找要用的东西时就会花费大量时间。

据说,如果我们每天花 10 分钟来找东西,那么一生当中就会花掉 153 天。

如何避免每天把时间浪费在找东西、拿东西上? 只要我们建立起便利的生活机制,就能够高效地利用好有限的时间。

幼儿时期,因为我们不能很好地用语言来表达自己的心情,所以在找不到"想要的、想玩的东西"时,就会使出浑身解数来表达自己的不满。这时,父母就会放下手头的活,花时间来找东西和哄孩子。这实在是太浪费时间了。整理收纳所有物,不仅会消除找东西给我们带来的压力,每天的生活也会变得更加丰富多彩。

　　另外，如果我们是在整洁有序的环境当中长大，那么花费在找东西上面的时间就会减少，我们可以用这些时间来做自己想做的事，把这些时间变成思考的时间、学习的时间。成年以后，我们也可以把别人浪费在找东西上的时间用在工作和家人身上。

　　并且，如果我们能找到适合孩子、不会让孩子感觉有压力的收纳方式，又能够建立便于孩子做收纳的整理结构，那我们就不用再耗费时间找东西了，同时也能够节省我们做整理的时间（详细内容请看第二章第 5 节）。

通过整理教育让孩子不再在找东西上花时间

学整理前

学整理后

孩子做整理可以掌握的能力⑧

主动学习的能力

调动孩子的积极性

最近,相比在儿童房,在客厅学习正逐渐成为一种主流。不管孩子在哪里学习,都有共通之处。那就是,当孩子对学习有很高的积极性时,创造一个立刻就可以开始学习的环境十分重要。

如果书桌很乱的话,就要先从整理开始做起。如果孩子在学习积极性最高的时候才开始做整理,那么在整理的时候,这种积极性就会不断下降。

并且,做完整理后的成就感,会让孩子忘记最初想做的事是什么。整理完毕后,孩子就已经很累了,很多情况下,孩子之后又会把注意力转移到其他事情上。

在孩子干劲来了的这种黄金时刻,如果想让孩子把干劲当成实力发挥出来,只要桌上不放任何东西,就会收到理想的效果。在我做过的整理指导当中，有很多客户高兴地反馈："即使我们不说，孩子坐到书桌面前的次数也增多了。"

也就是说，创造整洁的环境，可以让孩子想学习的时候就能立即开始学习。虽然孩子在刚上小学、未适应这种状态时，需要得到父母的帮助，但孩子如果在幼儿时期就学会做整理，能够收拾出一个适合学习的环境，那他们很容易就会养成主动学习的好习惯。

通过整理教育让孩子对学习充满干劲

学整理前

学整理后

做作业咯!

孩子
做收纳

9

孩子做整理可以掌握的能力⑨

管钱的意识

认为买东西就可以解决问题的话,会丧失对钱的概念

因为东西便宜而且很容易买到手,如果用完了,或者是想买的话,马上就能买到。如此反复的话,我们就不会意识到自己正在浪费。东西一个劲地在增多,却没有学会管钱,对钱没有概念。

从"能给我十块钱吗? 就十块"开始,孩子的铅笔和橡皮丢了也不知道,直接买新的,每次大扫除时都会找到那些没用完的东西——我在进行整理指导时,经常会遇到这种情况。

为了防止这种情况的发生,要让孩子认识到"现在手头有哪些东西",让他们学会管理。在收到礼物,或者是买东西时,如果通过整理了解到自己现在有什么,就会避免浪费。

不仅对于孩子,这方面对于父母来说也是至关重要。为了不让孩子张口就要钱,然后去买新文具,在给孩子钱之前我们要考虑

27

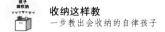

以下 3 点。

① 看看家里全部的文具,买了新的,孩子是否能够做好管理;

② 收纳空间是否足够;

③ 现在购买是否合理。

东西越多越难管理。在孩子的幼儿时期,不要轻易让他们得到想要的东西,认真思考之后再买,这种教育对孩子来说十分重要。

通过整理教育杜绝浪费

学整理前

学整理后

孩子做整理可以掌握的能力⑩

主动做整理的积极性

正因为是小孩子,所以才让他们做整理!

父母可能觉得小孩子应该不会主动做整理,但是,只要给孩子设计好适合他们的整理结构,每天提醒督促的话,学得快的孩子可能一个月左右就会养成做整理的习惯。

如果养成了习惯,孩子想好自己应该做的事就会付诸实践,同时也可以自由安排自己的时间。

相反,要是等孩子上小学之后再培养他们做整理的习惯,就是在要求他们做出改变,这会让孩子难以养成"做整理"这一新习惯。

"我希望你将来能够自己做整理。"——父母不要总指望着以后,要在幼儿时期就开始对孩子进行整理教育,让孩子养成简简单单就能做好整理的好习惯。这样一来,父母的负担也会减轻很多。

　　因此，如果父母只会对孩子说"快去收拾"的话，孩子会越来越讨厌做整理。为了避免这种情况发生，本书中的整理教育，会介绍给大家做游戏般的整理方法（参照第三章"步骤⑤"）。

　　如果能够让孩子开心地去做整理，接下来，父母就可以引导他们之后主动去做。不要老想着孩子还小做不了、父母替孩子做就好。父母怎么做就可以让孩子开心地自愿去做整理，怎样提醒督促孩子……要从这些方面来考虑。建议从孩子的幼儿时期开始，父母就和孩子一起来做整理。

通过整理教育让孩子养成做整理的好习惯

学整理前

学整理后

幼儿时期的整理教育让父母 也发生了变化!

📚 在整理教育中改变最大的是父母

到此为止,"从幼儿时期开始做整理可以掌握的 10 种能力",介绍的是如何通过整理教育让孩子成长。但是,不仅仅只有孩子会发生改变。通过对孩子进行整理教育,父母的行为和思维方式也会发生变化。

① 做整理时无需发火

父母如果不了解整理教育的话,孩子不做整理的样子就会让父母感到很烦躁,还会动不动就狠狠地训斥孩子。但是,如果在初次进行整理教育后,孩子就能够自己做整理的话,就没必要冲孩子发火了。在第二章中,我会向大家介绍,不发火就可以完美解决问题的魔法般的说话方式。

② 心情愉快

因为孩子自己可以做整理,所以父母就没必要替孩子收拾玩具。这样一来，父母就可以同时从体力负担和"又得我来收拾了"的负面情绪当中解放出来，心情也能够变得轻松愉快。

③ 说话柔和

因为父母越来越意识到需要用"孩子能够理解的语言"和孩子沟通，所以说话方式自然就会变得柔和。

而且，如果孩子能够主动开始做整理的话，父母可以更温柔一点，跟孩子说些让他们开心的话，如"真棒""玩具也会很开心哦"等等。

④ 心生从容，时间变得宽裕

孩子自己的事情能够自己处理的话，父母出手帮忙的次数就会减少。从孩子这里节省下来的时间，父母就可以用来做自己的事。

并且，温柔的说话方式，自然也会让父母心生从容。

⑤ 笑容增加

父母看到孩子"做到了！"时就会欣慰，笑容自然也会增加。"妈妈，看！"看到孩子告诉父母他们做到了什么的样子，父母也会露出笑容。

⑥ 看到孩子会很放心

如果孩子养成做整理的习惯的话，即使他们把东西都拿出来随地乱放，父母也完全不用在意。因为我们知道，"孩子会把东西全部归位。"

孩子拿出各种各样的玩具，可以发挥创造力尽情玩耍，让他们多多思考。

之前父母可能会有"反正都得我收拾"这种想法,会直接跟孩子说:"不要全都拿出来!"但是当孩子可以自己做整理之后,父母就会觉得:"孩子自己会收拾,我看着就好了。"

⑦ **理性消费**

因为意识到了"孩子能够管理多少东西",所以在买东西时就可以自问自答:"真的有必要买吗? 还有收纳空间吗?"如果是和孩子一起去买东西,孩子也可以掌握这个思考习惯。

通过问自己这些问题,我们就不会因一时兴起或一时冲动而去消费,同时也会减轻经济负担。

孩子可以帮忙做的厨房收纳

孩子在成长的同时,会做的事不断增加,自信也就会随之而来。因此,孩子在 2 岁左右时就会想帮父母的忙了。但是,孩子能做的事毕竟有限,父母在忙碌的时候,即使跟孩子说了,孩子也不一定能帮上什么忙,只会让人干着急。所以,我们要为孩子创造一个环境,以便在忙碌时让他们能帮上忙。

孩子最喜欢帮忙的就是"厨房的工作"。

厨房很小,而且是用火用刀的地方,所以要避免父母和孩子在厨房里发生碰撞。

因此,厨房的入口处是最合适的帮忙场所。也就是说,要让孩子不须进到厨房中间和最里面,就可以完成他们要做的事。

比如,"准备餐具"等这种小孩子也可以做的事。

在厨房入口附近做一个收纳盒,在便于个头不高的小孩子拿取东西的位置放置餐具。只要父母提醒一声,就能让孩子来帮忙。

我家是 5 口之家,所以就算是一个大人,要一次性来拿 5 个人的餐具也很困难。况且孩子手小,则更是如此。因此,可以准备一个空盒子,把餐具都放在盒子里,整理好后再拿过去。如果轻松就能拿过去的话,孩子会很愿意来帮忙吧。

通过稍作调整,既能满足孩子"想帮忙"的心情,也能实现父母"想让孩子来做"的愿望,还能为孩子创造一个成长机会。请大家一定要试试这个方法!

第二章

了解做整理的基本要领

首先要决定玩具的多少

只持有自己能够管理好的量

如何和孩子一起做整理？在第二章中，我将会介绍整理的基本流程。

在众多玩具当中，只留下自己需要的玩具是非常难的一件事。但是，如果不加以判断、什么都要的话，脑袋和房间一不留神就会被填得满满当当。

保证孩子能自己整理房间的要领就是，只拥有适量的东西。

这里说的"适量"，是指孩子自己可以管理好多少东西的量。

"适量"的标准

孩子"能管理好的量"是多少，取决于孩子对玩具的意识。另外，因为玩具大小和收纳方式的不同，所以说到底也没有一个特定标准，大致是 3 岁的话就用 2 个箱子，5 岁用 3 个，7 岁用 4 个。如果是指收纳空间的话，3 岁就用壁橱的 1/6，5 岁就用 1/5，7 岁用 1/4。

人均"适量"的标准

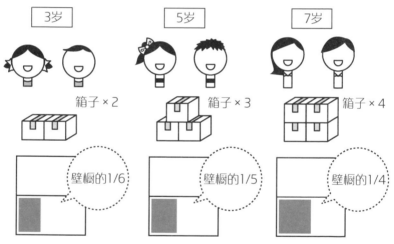

3岁　　　　5岁　　　　7岁

箱子×2　　箱子×3　　箱子×4

壁橱的1/6　　壁橱的1/5　　壁橱的1/4

*箱子尺寸的范围=长+宽+深=130 cm之内

结合孩子在家度过的时间，考虑适量问题

结合孩子在家玩的时间，衡量玩具的适量问题也是一种方法。

比如同样是 3 岁的孩子，上托儿所的孩子平时每天 8 点到 18 点在托儿所度过，在家玩的时间只有 1～2 个小时。因此，一箱玩具可能就足够了。而孩子上了幼儿园后，平时每天只有 9 点到 15 点是在幼儿园度过，在家的时间要比上托儿所时多出 3 个小时，这时或许两个箱子还不够装玩具。

除此之外，还要考虑学习的时间、在外面玩的时间等，综合算下来，在家玩的时间又有多少，然后再去想需要多少玩具，这样就容易有一个衡量的标准了。

定期重新评估玩具数量

玩具会在不经意间增多。如果没有下意识地去重新评估数量的习惯，房间就会渐渐被玩具填满，到最后大人和孩子都会管理不过来。

这样一来，就会加大整理难度，房间也会变得越来越乱。

为了避免这种情况的发生，父母和孩子要一起商量，定期重新评估玩具的数量。

评估频率建议为每年 2 次左右。

要想便于进行定期评估的话，就把评估时间定在学期交替、生日、圣诞节等可以收到大型礼物的节点。

"宝宝生日时收到了新玩具很开心吧。我们在哪里给这个玩具安个家呢？"

"最近有没有什么不要的东西呢？把它处理掉，给新玩具安个家吧！"

用这种方式跟孩子说话，和孩子一起对玩具重新做评估。

多子女家庭的整理思路

即使家里有好几个孩子，整理思路也是一样，每个孩子各自能够管理好的量就是"适量"。

比如，在孩子们共有一个玩具的情况下，虽然玩具只有一个，但也要算到每个人各自的物品总数当中。如果孩子觉得共有物不会算作自己的物品，那他们就会难以正确认识到自己有多少东西。

另外，个人所有物是越少越好。如果孩子们的共有物比较多，整体来看，能够减少家中物品数量。

决定"保留回忆物的多少"

 **充满回忆的东西越来越多**

基于家庭成员构成和房间收纳板块,考虑保留多少旧物。如果不事先决定保留数量的话,旧物就会不断增加。"一开始就决定保留多少"是很重要的一点。

因为我家收纳空间少,所以我们每个人都有一个"回忆箱",把旧物全部放在里面。大小就是中等纸箱大小的样子。我们是一家5口人,所以有5个箱子。

推荐使用纸箱。因为这种箱子一般既轻便又结实,即使是小孩子也能够轻松拿起。

并且,和平时放在宽敞的家里不同,搬家时必须要把回忆箱精简化,这种箱子可以折叠收纳,如果坏掉了的话还可以当作可回收垃圾扔掉。

塑料箱虽然结实但是比较重,如果容量和纸箱一样大的话,孩子很难拿得动。此外,用不上的时候要找地方放好,处理的时候还要花钱。

伊东家的"回忆箱"

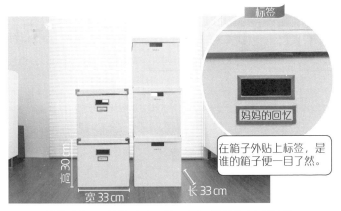

标签

妈妈的回忆

> 在箱子外贴上标签，是谁的箱子便一目了然。

高 30 cm
宽 33 cm
长 33 cm

爸爸、妈妈、三姐妹，全家一共 5 个人，保存着 5 个回忆箱。

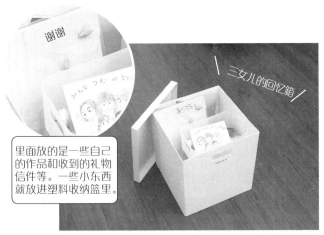

谢谢

三女儿的回忆箱

> 里面放的是一些自己的作品和收到的礼物信件等。一些小东西就放进塑料收纳篮里。

重要的回忆物品，决定回忆箱的大小，和孩子商量好放入回忆箱的物品之后保存起来就可以了。

另外，在回忆箱上贴上标签，可以让每个人知道哪个是自己的箱子。

让孩子明白了"自己的东西"有哪些，他们就会乐于进行管理，也一定会认真对待这件事。

有很多人会"想留着很多旧东西"，但是回忆不仅仅只保存在回忆箱中，大多数情况下，别的地方也会保留着很多回忆。比如照片、家庭摄像机里的 DVD，还有脑海中。

无论房间大小，不要只被回忆占用空间，而是要优先考虑当下的生活，创造一个能够让我们悠闲度日的环境。

回忆箱装满之后怎么办

如果回忆箱装满了，就把里面的东西全部拿出让孩子自己整理。

放入回忆箱的东西，对孩子来说都是重要的东西。在理解了这一点的基础上，这样来跟孩子说。

首先，要和孩子在"想把东西全部留下来"这一点上产生共鸣，再具体给予表扬。

"是啊，哪一个都是满满的回忆呀。妈妈也喜欢这个。这块积木的形状和那只小熊的颜色感觉非常棒！"

如果孩子还是要把所有东西都留下，那就告诉他们，现在那些重要的东西都没地方放了。

和大人不同，小孩子很难理解现在、过去、未来这些时间概念，所以如果想让孩子也能够理解"现在，重要的东西"，就要跟他们解释。

"以后还会有很多充满回忆的东西。回忆箱只有这么大，放不了所有的东西。"

"把里面的东西一次性全部拿出来，决定把哪些放回回忆箱，把哪些拍照做留念吧。"

如果孩子这样问："为什么回忆箱只有这么大呢？不能把东西全部放进去吗？"我们就要用他们可以理解的方式来说明房子的空间有限。

"如果无法决定回忆箱的大小，那么家里就会只有旧东西哦。这样一来，房间里现在要用的玩具和衣服就都没地方放了。房间里到处堆着东西的话，就没地方把玩具拿出来玩了。所以要决定箱子的大小，好好珍惜留下来的那部分回忆。"

"我知道每一个你都很珍惜。所以，在和他们说再见之前，宝宝和他们一起拍张照吧！他们会以照片的形式一直好好保存下来，所以不用怕哦。这个（让孩子看着玩具），拍照和放进回忆箱，选哪个呢？"

虽然我们会觉得孩子还小、还不明白，但是要这样反复跟他们说。跟孩子一次又一次地一起重新评估回忆箱，渐渐地他们就能够理解了。

如有例外，比如在房子比较大、收纳空间宽裕的情况下，就没必要拘泥于每人 1 箱这样的规则。每个人可以有 2～3 个箱子。

但是，"这个、那个我都想要，所以就多加几个箱子吧。"——这只能说是把东西放进了箱子里，不能说是在做整理。

人一天当中能够做出判断的次数是有限的。

"吃什么?""这条信息怎么回?""穿什么?"我们在对这些问题做出判断时，如果把一天中做决定的次数都用完了的话，理性就会停止工作，我们就会被情绪支配而焦躁不安，在与人接触时，也无法做出冷静的判断。

我们能够做出决定的次数是有限的，为了不因整理而消耗这些重要的决定次数，就遵守事先决定的简单规则，来愉快地整理回忆物吧。

孩子和大人不同，他们想法多变，很多情况下对充满回忆的东西执着心不强，所以反复告诉孩子整理回忆物的方法，之后就能够顺利进行。

决定保留回忆物的数量是一场恶战，可能大人会比孩子更难抉择。

人一天中能做出判断的次数是有限的

让孩子也搞清楚收纳位置

🧱 这个玩具的家在哪？

成人后，我们知道毛巾放在洗脸台，衣服放在卧室的衣柜，文具放在书桌的抽屉里……不用多加思索，我们就知道哪里放了什么。但是，对于孩子来说，如果没有明确要把什么东西收拾到哪里的话，他们想不到该把东西放在哪里，就没办法一个人独立来做整理。另外，如果只是随便决定了一个收纳位置，孩子会容易弄丢东西。

在整理教育中，决定好"东西的家（固定位置）"，并让孩子明白这一点是非常重要的。每次有了新东西的时候就重复这个步骤，慢慢地小孩子也就会知道要把东西放在哪了。

🧱 在收纳位置贴上必不可缺的标签

要想知道东西的家在哪，最简单的方法就是在收纳位置贴上标签。

幼儿时期的孩子，多数情况下还不识字，所以就要给他们准备玩具的照片和插画，贴在收纳箱上。

收纳标签的制作方法

在纸箱上用美纹胶带做贴标签位置的打底处。

要准备的东西

· 纸箱
· 美纹胶带
· 剪刀
· 双面胶

给要收起来的玩具拍照，把照片根据收纳箱大小打印出来。

直接贴照片时	使用卡片夹时

在打印好的照片后面贴上双面胶。

在卡片夹背面粘上双面胶，贴在步骤①做好的美纹胶带打底处。

把照片贴在步骤①做好的美纹胶带打底处。

把照片放进卡片夹。

完成！

小贴士
因为有美纹胶带打底，所以可以随意更换照片。

完成！

小贴士
如果要更换收纳物品的话，就可以换成新照片。

拍照的话,现在用手机就能轻松搞定。先把透明的卡片夹安装到收纳箱上,再把打印好的卡片大小的照片放进去,孩子就能清楚地知道东西的家在哪了。

另外,如果把收纳箱里的东西换掉了,就重新拍照片。就像换掉家里的门牌一样,只要把新照片放进卡片夹,收纳箱就变成另一个东西的家了。

随着孩子的成长,父母开始教孩子识字,或者想让孩子学认字了。这时,父母就可以用打印纸张或者是美纹胶带,在照片下面贴上文字标签,这也是一个让孩子认字的机会。

如果是打印标签的话,就尽量把字调大一些,让人能够一眼看到。如果是用美纹胶带手写标签,要在胶带上用油性万能笔把玩具的名字同样写得大一些。

在使用手工制作的收纳纸箱时,如果直接把打印好的标签贴在箱子上,撕下来时很可能会连同纸箱一起撕破。所以先用美纹胶带打底,再把标签贴在上面,更换标签时箱子就不会受损,还可以再次利用。

收纳箱贴标签示例

信纸

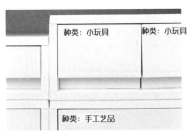

种类：小玩具　　种类：小玩具

种类：手工艺品

小贴士
如果是打印的标签，字要尽量调大一些，让人一眼看到！

小贴士
如果要用胶带纸做标签的话，关键是要用油性万能笔把字写大一点！

小贴士
对于幼儿来说，更建议父用照片做标签。如果箱子大，就用L码的照片；如果箱子较小，就用修图软件照片打印成L码的一半大小

最佳路线是和行动位置
相吻合的路线

一米之差就会影响整理工作

"得写完那个文件。要拿个笔来。"

找到必须要填写的文件，拿支笔去客厅。在放文件的餐厅写完之后，随手就把笔放在餐桌上……

你也干过这种事吧？

有事要用时，也不会在意走动这点距离去拿需要的东西，但用完之后，就会找若干理由："一会儿收拾就好""去客厅的时候再去拿吧""说不定还要用呢"……却不会物归原位。

那么，不在客厅，而是在餐桌旁放个笔架怎么样呢？

不仅拿起来就能用，而且就算没有较强的意识性，用完之后也会马上放回原来的位置。

也就是说，就算只有几步路、几米的距离差，整理的难度也会大大不同。

🗄 在频繁使用的位置做收纳很重要

即便是对大人来说,收纳位置稍微远一些就会觉得很麻烦,孩子的话更是如此。

为了尽量降低整理难度,"频繁使用的物品,最好在使用位置近处做收纳"这点很重要。

想把玩具放在孩子的房间,不想把衣服放在客厅……虽然每个家庭都会有很多不同的想法,但是如果想创造一个孩子能够独立做整理的环境,就不要被固有概念束缚,在自己顺手方便的地方做收纳最重要。

如果一家人经常聚在客厅打扑克,那么就不要把扑克放在孩子的房间,而是放在客厅的电视柜里。

如果大家平时会把外套脱在餐厅的椅子上,那就在餐桌旁边装上挂衣钩。

这样一来,不用决定什么"把玩具放在孩子房间",我们要给孩子找到合适的收纳位置。"为什么不收拾呢?!"——在这样冲孩子发火之前,先想一想是否真的让孩子把东西收纳在了便于做整理的地方,整理难度是否太高("行动路线"在第五章中有讲解)。

确定便于整理的收纳位置

学整理前

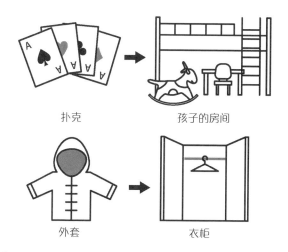

扑克　　　　　　　　孩子的房间

外套　　　　　　　　衣柜

学整理后

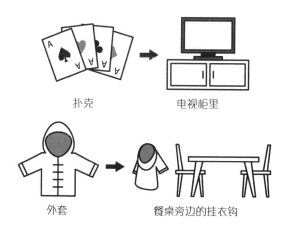

扑克　　　　　　　　电视柜里

外套　　　　　　　　餐桌旁边的挂衣钩

配合行动路线做收纳的状态

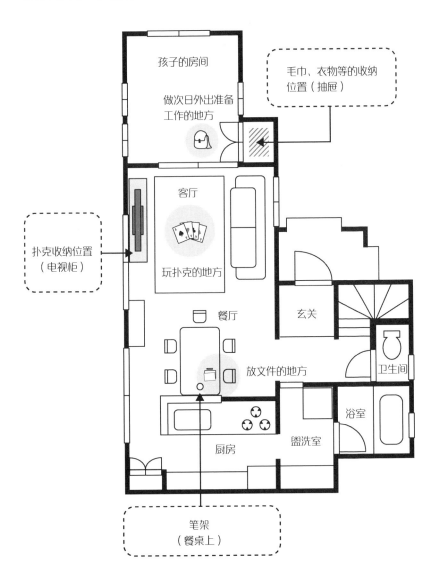

孩子的房间

做次日外出准备工作的地方

毛巾、衣物等的收纳位置（抽屉）

客厅

玩扑克的地方

扑克收纳位置（电视柜）

餐厅

放文件的地方

玄关

卫生间

厨房

盥洗室

浴室

笔架（餐桌上）

根据孩子的类型来区分
"干劲的开关"

🗂 3 种做整理的类型

孩子不会做整理的理由各式各样。只不过是会有某种程度上的倾向,我觉得大致可以分成 3 类。

知道了孩子属于哪种类型的话,就会知道如何才能让孩子主动去做整理,如何跟孩子说话才能打开他们充满干劲的开关,所以这就是一个大方向上的思路。

① 总是不想物归原位的"拖延症型"

想用的时候即使东西收在了最里面,或者离得很远,孩子也会去拿,可是一旦用完、满足了需要的话,他们就会觉得放回原位很麻烦,会想"一会去那个屋了的话再顺便放回去吧"。像这种孩子都是会把事情往后推的一类型。所以,一转眼房间就会变得乱七八糟。

对于爱拖延的孩子来说,适用省去多余的行动路线、不细作区

拖延症型的特征

☑ 放下就不管了。
☑ 适合整体收纳。

分而是进行整体收纳的方法。

在做收纳这件事上，无论孩子是哪种类型，都要考虑孩子的行动路线来做准备。其中对于爱拖延的孩子来说，如果不采用简单程序少的方法，就不能养成做整理的好习惯。

虽然大家都很喜欢那种视觉上干净整齐的细节收纳，但实际上到自己收拾的时候，落实到这种细节收纳的行为不会持续很久。

因此，不用进行细致的分类。建议让孩子采用整体区分物品类别、直接就可以简单放入的收纳方式。

如果不要求孩子达到摆放整齐、洁净的地步，只要放回整体的收纳位置就可以了的话——"什么！我也轻易就能做到嘛。"他们就会有这样一种成就感。而且，父母可以夸夸孩子："真棒呀！很好地放回去了呢。"孩子要是这样被表扬的话，就会变得自信起来，从而更加积极地去做整理。

对于超怕麻烦的拖延型孩子，要尽量给他们打造用一个动作就能简单归位的整理结构。

② 认真考虑再行动的"谨慎型"

玩玩具的时候，或者做其他事的时候都不会马上开始，而是先仔细观察周围环境，⋯⋯确认情况之后再谨慎行动的孩子类型。

"这个玩具玩过了。"

"虽然是第一次见到，但那个新玩具现在有人在用。"

这类孩子的特征就是这样，虽然还小，但大多数情况下他们会仔细观察周围环境之后再谨慎行动。每个孩子谨慎行动的理由都不同。

比如和朋友抢东西，想要躲避麻烦，仔细观察有哪些玩具之后再玩想玩的,因为怕出糗所以行动之前要花一点时间……所有的这些理由都不一样。

谨慎型的孩子,往往会克制自己的情绪,即使他们不说话,但很多时候脑子里面在认真思考,父母有时候也难以知晓他们的想法。

而且,如果他们要集中精力在一件事上的话,有可能谁说话他们都听不到。因此,如果他们聚精会神做某事时被打断,那么他们的心情可能会变得很差,即使跟他们讲道理,也只会让他们更加厌烦而不是去做整理。

我所见过的谨慎型的孩子,都会仔细观察大人和其他孩子的行为,所以父母每天都要让孩子看到自己在做整理的样子,这样孩子就能形成一种意识,也会很快养成这种习惯,很细心地去做整理。与拖延症型的孩子相反,这种类型的孩子倾向于细节收纳,更喜欢给不同类型的东西安排各自的家。

另外,整理结构的设计不是从父母视角,而是要从孩子视角来考虑。如果根据孩子视角来的话效果更好,所以父母要征求孩子的意见和想法,然后再去设计整理结构。

谨慎型的孩子,整理积木时更喜欢按颜色进行收纳,或者是把细小的部件按类别来收纳,这会让他们更加积极地去做整理。又或者,他们为了能够看到喜欢的东西而基于此进行收纳,把东西摆得整整齐齐的话就会觉得很开心。

因为这样的孩子会把之后要做的事都想好,所以要是在玩的玩具当中混有不想玩的玩具,他们就会觉得很不舒服。因此,他们会把喜欢的玩具都放在近一点的地方,想玩的话随时都可以玩,还会很自觉地把东西都物归原位,所以他们能够自己独立来做整理。

谨慎型的特征

☑ 仔细观察好周围环境后再行动。

☑ 喜欢分类、整洁有序的收纳。

③ 兴奋过头的"好奇心旺盛型"

和朋友一起玩的时候,有什么新的东西出现的时候,被很多玩具包围的时候……这种时候不管说什么他们都听不进去,这就是好奇心旺盛型孩子的特征。

在平时,即使父母不说他们也可以自己做整理,而且睡前一定会把玩具都放回原处。但是,和朋友在一起很兴奋时,或者是有东西勾起他们的好奇心的话,他们立马就会被迷住,专心玩起来,完全听不进去妈妈说的话。这就是好奇心旺盛型孩子的特征。

这种孩子虽说平时会好好做整理,但是当他们和朋友把玩具摆了一地,连下脚的地方都没有时,就可能会不小心磕碰受伤。此外,要是在快出门的时候,玩具还是乱七八糟放一地,再回到家里时就无法立即放松休息。

那么,想要这种类型的孩子做整理的时候该怎么办呢?

这就要击中要害,"让你清醒一下。"

要让孩子暂时离开那个勾起他们好奇心的地方,让他们的兴奋感降下来。

最简单的方法就是让孩子走动到别的地方,让他们冷静一下。并且,要让他们回忆起平时的规则。

跟孩子说有重要的话,或者是有一个秘密等,把孩子引去别的地方。然后认真地看着孩子,跟他们说平时的规则。

"我知道宝宝玩得很开心,但是你没有听妈妈说的话,所以妈妈才把你叫到了这里。不玩的玩具要怎么样来着?"

像这样,问问题的话,要能够让孩子做出回答。

而且,"如果你不把玩具送回家,它就会迷路,你就再也不能和它玩了。你得帮帮这些放得到处都是的玩具!"如果跟孩子这么说的话,就会打开他们充满干劲的开关。

有时候就算这么做,他们的兴奋度也降不下来。这种时候就要使出最终的杀手锏了。

父母可以跟孩子说:"这么多玩具,我想作为礼物送给比你更珍惜他们的朋友。这样的话,玩具也会很开心。"

一般情况下,孩子都会说:"我能够珍惜玩具。"

"别怕! 我现在就把你送回家。""我也可以好好珍惜玩具哦!"孩子会回过头来重新思考,之后就会看到他们去做整理的身影。

相反,如果孩子说"好吧",那就在孩子面前真的把玩具拿走。

有的孩子看到父母真的要把玩具当作礼物送给别人,也就真的不会再去要这个玩具了。

之后,是把玩具真的送人,还是继续放在别的地方保管,就要父母来做判断了。

即使有时孩子不想收拾,即使孩子认为有些东西"不需要",也是一个孩子自己来判断如何处置物品的好机会,所以父母一定要把玩具拿开。

如果父母认为孩子当时做出的判断容易感情用事,存在不确定性,那么为了不让孩子在那种情况下冲动行事,父母可以追问一句:"再也见不到它了也没关系吗?"

通常,在物品分类时,让孩子凭直觉区分"要""不要"就好,没必要让孩子去仔细考虑(参照第三章第 2 节)。

好奇心旺盛型的特征

收起来——

☑ 一兴奋就注意不到周围环境

☑ 在另一个房间静下心来的话可以好好做整理。

即便是反悔，对孩子来说经历过就会有意义，所以父母只要在一旁看着就好了。

这样一来，以后面临类似情况时，孩子渐渐就会想起过去的经历，就能够更好地做出判断。

分清类型做收纳

我介绍了 3 种类型。

您的孩子属于哪种类型呢？

如果不知道您的孩子属于哪种类型，首先要观察孩子每天的情况，或者是向托儿所、幼儿园的老师询问孩子做整理的情况，或许这样就可以了解到了。

整理东西的方法基本是一样的。只不过，在做收纳时，如果能参考不同类型孩子的特征，可以更好地设计出便于孩子主动做整理的结构。

希望您能够参考采纳。

找准时机就能够养成习惯

决定什么时候做整理

如果我们每天都很忙的话,就会被时间和必须要做的事追赶着,很难找到一个做整理的时机。因此,东西就会一直在外面放着。

有的孩子用完东西马上就想彻底收拾好,但有的孩子每次都要父母提醒,这就麻烦了。

另外,如果父母频繁地跟孩子说"快去收拾",渐渐地孩子听到"收拾"这些字眼就会变得不舒服,会下意识地觉得做不好,最后彻底厌烦做整理。

想要防止这种情况的发生,那就事先和家人一起规定好整理时间吧。

对于整理时间,要和孩子在能够静下来心来交谈时商量。"宝宝,你每天都要把玩具送回家好几回,你不累吗?"首先父母要问问孩子的想法。然后,再向他们传达父母的意思。

"妈妈觉得这样会很辛苦。'我只在这个时候把你送回家',你不要和玩具来做个约定吗?"

做整理的 3 个时机

吃饭之前

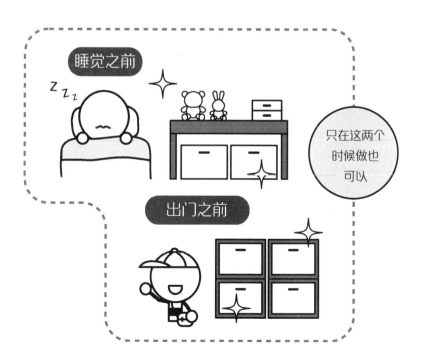

睡觉之前

只在这两个
时候做也
可以

出门之前

这样跟孩子提议。然后,再和孩子商量时间。

据说整理时机最好为每天 3 次。具体来说,3 次是指"睡觉之前""出门之前""吃饭之前",首先要一个个时间点地形成习惯。

开始是"睡觉之前"。睡前痛痛快快地把房子收拾干净,第二天也会有个好心情来开始新的一天。孩子养成"睡觉之前"做整理的习惯之后,父母就要提醒孩子,让孩子意识到"出门之前"也能做整理。

在其他做整理的时间,如果想让孩子把东西收拾起来,但孩子说还想继续用,那么父母只要告诉他们,把继续要用的东西挪到不碍事的地方去就好了。

"玩具每天要回 3 次家。是指'睡觉之前''出门之前''吃饭之前'这 3 回。为了让宝宝能够自己做整理,我们试着一个一个来做吧。"

像这样,不是给孩子强加规则,而是以提议、商量的方式和孩子来说。

孩子能否学会做整理取决于
父母的"说话方式"

最重要的是要考虑孩子的"感受"

就像前面说的那样,如果父母代替玩具或者是制作玩具的人,把他们的感受告诉孩子,那么即使是小孩子也能够对物和人产生同理心,从而积极地思考如何去做整理。

父母自己要考虑玩具的感受,要有意识地向孩子传达换位思考的想法。有些人可能会觉得不好意思,但如果父母不认真向孩子传达玩具的感受,孩子也就不会去认真思考。

"你要是认真对待的话,玩具和做玩具的人都会很高兴哦。"父母要用这种孩子容易理解的方式说话。

一开始父母需要频繁督促,但如此反复之后孩子就会理解,这时即使父母不说,他们也会考虑到玩具的感受再去行动。

反复督促,直到孩子形成习惯

跟孩子说做整理会让心情变好、孩子真可靠等,积极地督促孩子，打开孩子充满干劲的开关。

"不仅回到家的玩具会很开心，而且房间整理干净之后，宝宝也可以玩得很开心哦。"

"爸爸和妈妈觉得把房间打扫干净的话，心情就会特别好！"

这样跟孩子说。这些话不是说完一次之后就不管了，而是每天都要说。

Let's Try!

收纳老师有话说

盥洗室的设计要让孩子能够自己准备好洗完澡之后所需要的东西

　　孩子在洗澡的时候,父母有没有把孩子的内衣和睡衣给他们拿去盥洗室呢? 晚上在睡觉之前这段时间会很忙,所以父母要是来来回回往返于各个房间就会很费劲。但如果把孩子的内衣和睡衣收纳在洗脸台下,就可以省去这一步骤。另外,孩子在小的时候会和父母一起洗澡,所以把父母的内衣和睡衣也放在盥洗室的话会很方便。

　　因为盥洗室大多都很狭窄,所以很多人以为这里不会有放睡衣和内衣的地方。但是,现在再重新审视一下收纳在盥洗室里的东西,说不定有些东西可以挪出去。试着问问自己:"这个和孩子的内衣,哪个放在盥洗室会更方便呢?"另外,如果盥洗室真的放不下了,还有一个方法就是,把内衣和睡衣放在从客厅到盥洗

室这一行动路线上。

洗完澡后用到的东西先后顺序为"毛巾→内衣→睡衣"。这个顺序也就是放东西时的先后顺序。

把毛巾放在从浴室一出来,离孩子最近的、齐胸高的地方。擦身体的毛巾不需要用浴巾,用擦脸巾就够了。我家的话,所有人都不用浴巾。大人用的是大一点的擦脸巾。这样的话,洗起来也轻松。

不要想着把所有的睡衣内衣全都放进去,只放 2 套就会很方便了。

试着根据房间大小,最大限度地建立起这个收纳结构吧。孩子自己能够准备好洗完澡要用的东西的话,可能就会早早去睡觉哦。

第三章

5 个步骤让孩子能轻松独立做整理

步骤①

想想孩子的玩具有哪些

让孩子独立做整理的 5 个步骤

接下来,为了让孩子养成做整理的好习惯,我将对以下 5 个步骤进行讲解。

步骤①　想想孩子的玩具有哪些;

步骤②　严格挑选玩具;

步骤③　收纳在方便存取的地方;

步骤④　孩子和父母共享收纳完成后的喜悦;

步骤⑤　父母督促孩子养成习惯 。

观察孩子的情况

孩子到 3 岁左右,父母和孩子就要找机会来想想玩具如何收纳了。要是不满 3 岁的话，孩子的玩具多少是由父母大致来决定的。但是，以孩子 3 岁为界限，父母需考虑的就要变为"孩子拥有物的数量要在自己能够管理的范围之内"。

在孩子还没有对整理留下坏印象，或者是坏习惯还没有扎根时，如果找机会让他们好好想想玩具收纳的问题，那他们就能成为积极去做整理的孩子。

就像前面说的那样，3 岁是开始意识到"这是我的东西"的年纪，可以说是让孩子养成习惯的最好时机。

首先要知道自己有多少玩具

小孩子只是单纯觉得有很多玩具就会很开心。但是，父母要让孩子思考、注意到以下这几个问题。

- 喜欢怎么玩？
- 最喜欢的玩具是什么？
- 有这么多玩具在房间里该怎么办？

通过让孩子了解这些问题，让孩子在收纳玩具时，以此作为参考，建立适合自己的整理结构。

比如，让孩子思考：把不常玩或者是从来也不玩的玩具，放在一伸手就能够到的地方时会怎么样呢？

有利位置被占的话，经常玩的玩具就会被放得很远，放在难拿难取的地方。而且，如果孩子身边堆满东西的话，生活也会一团糟，不用说珍惜东西了，就连整理东西的方法也不知道。

另外，如果意识不到东西多的原因，那么父母每天都会苦恼：

"我家孩子，怎么就不会做整理呢？"

那么，如何才能解决这个烦恼呢？方法就是，让孩子拥有物的数量在自己能够管理的范围之内。

让孩子知道自己有什么。不要跟孩子说："宝贝有这么多玩具真棒！"而是要告诉他们："宝贝有这么多玩具啊，这样的话收拾起来很累吧？"

接着，让孩子确认现在要玩的玩具。

"经常玩的这些玩具里，哪些是你最爱玩的？"

让孩子这样问问自己，把最爱玩的玩具按顺序简单做个记号，或者是排成一排。

然后对孩子说："接下来让我们一起给房间来个大变样！把这里改造成容易存取玩具、容易做整理的房间吧。"告诉孩子，他们能够大显身手了。

想想那些很少亮相的玩具

如果不给孩子判断"玩""不玩"的机会，他们的玩具就会不断增多。对于一些使用频率不高的玩具，父母和孩子要找机会想想如何处理。

如果一些玩具还像新的一样，可以和孩子商量送给别的小朋友。

"你最近都没有玩这个玩具啊。要是不玩了的话，把它作为礼物送给比宝宝小一点的小朋友吧？小朋友肯定会很开心的。"

一步教出会收纳的自律孩子

父母和孩子一起来整理玩具吧！

找到这么多啊！

忘记这个了！

把这个当作礼物吧！

我想把这个放进回忆箱！

"嗯。我不玩这个了。给贝贝吧!"很多情况下,孩子会指定要给某位朋友。这时要把玩具包得漂亮点,让孩子自己来包礼物的话会更好。

不玩的、坏掉一点的、脏得厉害的玩具……这些不能送人的玩具,让孩子跟它们说"拜拜"之后,处理掉就好了。

有暂时不用但还需要的东西时

如果孩子说"虽然不玩,但这个玩具还要",可能孩子对那个东西还有感情。那么就像前面说的那样,给孩子准备一个"回忆箱"(参照第二章第 2 节)。

并且,跟孩子说明如何处置回忆物。

"虽然这个玩具对你来说很重要,但是如果你不玩的话,它放在游戏房里,别的玩具就没地方放了,所以我们把它的家搬到回忆箱里怎么样呀?"

"它就在回忆箱里,要是想看或者想玩的话,宝宝再把它拿出来就好了。"

随后,把玩具放到回忆箱里这一动作,父母不要做,最好是让孩子自己来做。

回忆箱一般是收在较高的地方或是放在死角位置。

但是,如果你看到孩子频繁去看回忆箱,而且表现得很开心的话,最好就把回忆箱放在孩子够得到的地方。如果平时用不到的话,就把箱子放在踩着台子才能够到的地方,或者是纵向房间最里面的一个位置。

别人送了玩具时

有很多时候孩子收到的礼物都会是玩具。这种时候,要在孩子回家后,和他们商量。

"刚收到的这个玩具,我们该把它的家安在哪呢?"

对于这个问题,孩子发表意见的话,可能会说:"呃,那儿?"有时候他们会指定一个不太合适的位置。

这时父母不要否定,可以用"确实。想法不错嘛"等等回应,先接受孩子思考之后说出的话,再提出建议,问孩子为什么觉得放在这里比较好,这样就可以愉快地进行整理工作了。

也有不少孩子一开始会答不上来。这时,就问孩子:"你想在哪个房间玩这个玩具呢?"

孩子可能会回答:"有电视的房间!"孩子要是指定在客厅玩的话,不仅要在儿童房做收纳,客厅也要确保有能收纳孩子东西的空间。

像这样和孩子沟通:"那我觉得,要是放在这个房间这个地方的话,你玩完玩具后,一下子就可以把它们送回家,你觉得呢?"边和孩子沟通边让他们来做决定十分重要。

这样通过收拾玩具来了解孩子的想法,不仅能让房子整洁有序,还可以看到孩子身上我们不了解的那一面。

给孩子机会的话,他们自己也能思考

问孩子问题的目的,是让孩子知道自己经常用的东西、最喜欢的玩具是什么,让他们自己认识到这些,从而建立起一个方便做整理的收纳结构。

虽然每个孩子之间会有一些差别，但孩子到了 3 岁左右基本就能回答问题了，千万不要断定"我家孩子不行"，先给孩子创造一个能好好说话的时间和环境，一定要试着问一问孩子。

电视正开着，或者是孩子正对什么入迷的话，父母不能在这种分散注意力的环境下和孩子沟通，而是要和孩子面对面，给孩子思考的机会。"现在是给玩具安家的思考时间哦。"——微笑着给孩子提出问题，这样才能和孩子一起开心做整理。

孩子还不到 3 岁的话，父母就要认真观察孩子平时在玩什么、会玩什么玩具、玩什么时会开心等等，然后再根据这些情况做收纳。

在很多幼儿园和托儿所，老师会根据孩子的成长状态决定是否给他们配备储物柜，或者如何让他们做玩具收纳。

在家庭生活中也是一样，孩子如果有思考自己的所有物和玩具整体状况的时间，也有体验收纳位置改变之后生活如何发生变化的经历，我觉得他们对东西的感情和对整理的想法就会发生转变。

不管是在各个家庭还是各种机构，生活中的整理都是必不可少的。

我希望父母能给孩子创造机会，让孩子体验到"收纳方法变了，生活也就变了"。

步骤②

把玩具分为"玩""不玩"两类

挨个对玩具做出判断

接下来,如"步骤①"所讲,参考问题的答案和孩子的个人情况,再进行到"步骤②"。不到3岁的孩子,要自己做整理的话可能会有点难,父母可以把"步骤②"的做法在孩子面前演示给他们看,孩子会产生自己也来试试看的兴趣,因此有的孩子就会把这项工作当成游戏来做。根据孩子情况而定,不管年龄大小,让他们自己来做。

严格挑选玩具(分成两类)

在做整理之前,首先要"严格挑选"玩具。

为什么一定要严格挑选玩具呢?是因为个人拥有的东西,只能在管理者,也即在孩子自己能够管理的范围之内,这一点十分重要。

　　特别是小孩子，如果玩具多得自己都数不过来，只要是把好多玩具都拿出来就会得到满足，那么他们收拾起来就会更加困难。

　　此外，有时候他们还会问父母："那个玩具在哪?"或者如果玩具找不到了，就会想再要个一模一样的。这样的话，孩子很难学会自己做整理。

　　我所讲的"严格挑选"，指的是：孩子平时经常玩的玩具，不怎么玩的玩具，以及从来也不玩的玩具不要都混放在一起。

　　要是把这些玩具都混放在一起的话，整理起来就会很麻烦，想玩的话往外找也很费时间。这正是孩子做不了整理的根本原因，所以"严格挑选"这一步骤十分重要。

　　那么该如何来做区分呢? 孩子在 3 岁之前的话，就和父母一起来做。

　　首先，要让孩子把所有玩具都挨个拿起来做判断。

　　分类方法就按照前面讲过的那样，分成"玩""不玩"两类。

　　如果是按照"要""不要"来分的话，孩子会担心"'不要'的玩具可能会扔掉"，所以很多孩子就会说："全都要!"这样就不是在做严格挑选了。所以务必要采用"玩""不玩"这个问法。

　　把玩具都拿出来放在一个宽敞的地方，按照"左边是玩的，右边是不玩的"规则分开放。如果地方小，没有明确的界线时，可以用美纹胶带贴一条分界线出来。

　　另外，在做分类时，收纳箱里可能会有垃圾和灰尘，所以最好事先准备好垃圾袋和湿毛巾。

　　要是玩具太多的话，不要想着一天全部选完，可以决定好"今

"严格挑选"玩具的方法

经常玩　　偶尔玩　　几乎不玩

把分在"玩"这一类的东西，再细分为
"经常玩""偶尔玩""几乎不玩"。

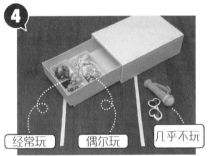

经常玩　　偶尔玩　　几乎不玩

从分为"经常玩"的东西开始，按照
顺序从前到后依次放入收纳箱。

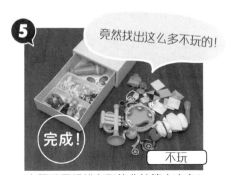

竟然找出这么多不玩的！

完成！

不玩

方便孩子轻松存取的收纳箱大变身！

把收纳箱中要做整理的东西全部拿
出来。

这个玩吗？还是不玩了？

玩　　　　　　不玩

挨个拿起玩具，分为"玩""不玩"
两类。

天就选完这个抽屉里的吧"等等,分几次做完。

父母虽然想一口气让孩子做完分类,但是孩子做整理的积极性下降的话就会产生反效果。跟着孩子的节奏来走十分重要。

虽说 3 岁孩子能集中注意力的时间理论上只有 2～3 分钟,但实际上,有些孩子可以轻松在30 分钟到 1 个小时内保持精力集中。

父母只要边观察孩子的情况,边在孩子休息或玩的时候抓住孩子的节奏就可以了。

吸引孩子注意力的要领就是,父母通过巧妙的说话方式引导孩子开心去做。比起一板一眼地做整理,充满笑容地愉快进行,更能让孩子自己主动去做分类工作。

孩子做烦了、做不下去了、眼看着还有一点就要做完了的时候,父母可以挨个拿起玩具,问:"这个要玩? 还是不玩?"变换声音和问法,孩子听了这些有意思的话,就能更开心地来做这个工作了。

其他让孩子转换心情的方法有以下几种。

- 说说孩子玩那个玩具时候的事。
- 眼看着还有一点就要做完的时候,鼓励孩子:"真棒,竟然能做到这一步!""再有一点就做完了哦。"
- 边唱歌边收拾。
- 给孩子放他们喜欢的音乐。
- 说说别的事(和整理无关的,托儿所的事、孩子喜欢的东西等等)。

觉得孩子注意力不集中了,需要转换一下心情了,就试试这些方法吧。

到最后还没有做完的话，就把这些还在挑选中的玩具装到空箱子里放起来，看情况下次再继续。

绝对不能强迫孩子去做。强迫孩子去做的话，就会给他们留下"做整理很讨厌"的印象。不急不躁，开开心心，一点一点让孩子来做整理是最好的。

步骤③

把"要玩的玩具"放到
方便拿取的地方

能让孩子主动做整理的收纳位置是?

"平时孩子都在哪个房间玩呢?"

在做整理指导时,我要是这样问的话,经常会听到父母说:"虽然有儿童房,但实际上孩子大多数时候不在那个房间玩,基本上都是在客厅玩。"

这时,如果把孩子经常玩的玩具放在儿童房会怎样呢?

正如第二章介绍的"拖延症类型",大人小孩都一样,在想玩(想用)的时候,因为有需要,所以东西就算放到再远的地方也会去拿,这很简单就能做到。

但是,玩完(用完)之后怎么办呢?

满足需求之后,就会产生这样的心态:"一会儿再做吧""那么远,好麻烦""妈妈去收拾""还要用,算了"……自己给自己找不收拾的借口,把东西拿出来就不管了。

怎样才能让孩子玩完之后自己去做整理呢?

建议根据以下 3 点来做收纳。

1. 从经常玩的东西开始,按顺序进行收纳;

2. 放在孩子经常活动的房间(或者是在附近);

3. 放在便于存取的地方。

那么,我来讲讲,如何按照这个顺序建立便于做整理的收纳结构。

1. 从经常玩的东西开始,按顺序进行收纳

从"步骤②"分类到"玩"的这些东西中,让孩子选择:"这里面哪个你玩得最多?"

2. 放在经常活动的房间

接下来,问孩子:"那么,那个最常玩的玩具,你想在哪个房间玩呢?"确认孩子最常活动的位置。如果孩子答不上来,父母可以从旁提示:"你经常在客厅这儿玩是吧?"

3. 放在便于存取的地方

知道了孩子最常在哪个房间玩的话,就在那个房间里和孩子齐胸高的位置中,找最容易存取东西的位置做收纳。

重复这 3 个步骤,决定分类到"玩"的玩具的收纳位置。

这时,确认孩子在"1.从经常玩的东西开始,按顺序进行收纳"这一步骤中选择的玩具,和经常搭配这些玩具一起玩的玩具是哪些,然后采用集中收纳的方法。

比如,有的孩子会说"我喜欢玩过家家",如果他们会把手工纸撕碎当作食材来玩的话，就算手工纸本身的使用频率不太高，也应该把它收在过家家的东西旁边，这样孩子的活动路线会变得合理，东西存取也会更加方便。

关于收纳用具和收纳建议，我将在第四章做详细介绍。

步骤④

父母要和孩子一起感受收纳完成后的喜悦之情

孩子做到了的话，不要忘记表扬孩子

幼儿时期的孩子按照这个顺序做整理的话，要花费很多的时间和精力。

如果孩子能把整理收纳做到"步骤③"的话，一定要多夸夸孩子。

"宝宝真棒！自己都做完了呢。还收拾得这么干净。"

"做整理会让人心情舒畅！"

"房间变宽敞了。"

"你可以这样滚来滚去地玩了！"

"妈妈，我超开心！"

"玩具一定也很高兴！"

父母和孩子都认同在此之前完成的工作，并约定"下次再一起做整理吧"。

通过做整理，孩子会很开心能把玩具收拾得便于存放，把房间收拾得更加宽敞。但是，对于孩子来说，最重要的是父母认可自己做到的事，给予自己表扬，并且会为自己开心。

父母不要只看着孩子完成整理工作就可以了，在最后要告诉孩子：和他们一起完成整理很开心，他们真的很努力。

此外，父母和孩子一起动脑筋、做好收纳之后，为搞清楚哪里放了什么，要再一次和孩子一起看标签做确认。

"积木的家在这儿吧。"

"小车车的家在这，这样并排放进去，想玩的话马上就能拿出来！"

像这样说，和孩子来确认。

尽管和孩子一起做好了收纳，但有时候，孩子之前养成的习惯根深蒂固，就会怎么也想不起来新的收纳位置在哪。这时，父母可以用猜谜的形式再次和孩子进行确认，边和孩子玩边给他们加深印象。

📖 要在孩子不在家的情况下做收纳时

改变收纳场所的行动，全部都要和孩子一起进行的话，时间上可能会有冲突。

但是，孩子不在家时，基本上不建议大幅改变收纳位置。因为，如果孩子不在家时，就把之前和孩子一起做好的收纳位置改变了，会让孩子感觉"我明明也很努力地做收纳了，看来还是不行啊"，剥夺孩子继续做收纳的动力。

孩子不在家，但无论如何都要大变玩具的收纳位置时，要事先问问孩子的意见。"之前，宝宝说在这里不方便玩，所以我就把它移到方便一点的地方了。"这样和孩子说明理由，再问孩子对新的收纳位置有什么想法和意见的话，孩子就会觉得"这是我们一起做的"。

如果孩子还很小，之前一直都是父母在做收纳的话，即使孩子不在家时也完全可以做整理，但如果没跟孩子说"什么东西放在哪儿"，孩子想用的时候就会到处找，所以收拾完一定要和孩子说明。

和家人做好沟通，一起享受收拾房间和收纳位置变换的乐趣吧！

步骤⑤

魔法一样的说话方式让孩子养成做整理的好习惯

两个说话的时机

让孩子想想自己的玩具有哪些("步骤①"),把玩具分成"玩""不玩"两类("步骤②"),把东西放在便于存取的地方("步骤③"),父母和孩子共享整理完成的喜悦之情("步骤④"),最后只差让孩子养成做整理的好习惯了。

就像前面介绍的那样,最理想的是让孩子在"睡觉前""出门前""吃饭前"每天做三回整理,但首先要在孩子"睡觉前""出门前"这两个时间点督促孩子,让孩子养成做整理的习惯。

这里我将向大家介绍具体的说话方式。

睡觉前:①"猜谜形式"

为了让孩子自己愉快地想起"睡觉前做整理"这件事,试试让孩子来"猜谜"吧。这样的话,不同于父母催孩子"快去收拾",孩子自己会觉得"我注意到要做整理了",所以他们的积极性就会提高。

"差不多要到睡觉时间了哦。刚才的问题!睡觉之前要做的事是什么呢?"

像这样,父母进行充满趣味性的提问。

于是,孩子就会兴冲冲地回答说:"我来答我来答!我知道哦!"

孩子答不上来时,给他们点提示。父母不要一下子说出正确答案,尽量让孩子来回答。

如果孩子答上来了,就跟孩子说:"答对啦!那就开始做整理吧。好了,开始!"

父母可能不想让孩子在睡觉前情绪高涨,但为了让孩子主动去做整理,"乐趣"这一点是必不可少的。

此外,如果孩子习惯了在睡前做整理的话,即使他们情绪有点高涨,但他们会认为整理和睡觉是一体连贯的,所以大多数情况下,整理完毕后都能顺利入睡。

睡觉前:②"准备好'乐子'"

如果孩子觉得"收拾完之后就有好玩的在等我",那么孩子就会更加干劲满满。父母可以提议让孩子读绘本、在被子上玩等,想一些孩子喜欢的事,告诉他们"就算为了这个把整理都做完吧"。

"马上就到睡觉时间了哦。把玩具送回家的话,就让你读一本绘本。要在表的长针指到 3 之前加油呀!"

这样一来,就给了孩子看表的机会,就会让他们慢慢养成掌握时间的习惯。

为了能让孩子因为想做的事而积极去做整理,就告诉孩子:"收拾完之后就去读绘本吧!"这样孩子就会主动去做了。

出门前:①"亲子竞赛"

如果用做游戏的方式和孩子说话,让孩子学会做整理的话,即使是 3 岁的孩子,也会觉得:"那个,感觉好好玩!"打开他们充满干劲的开关。

想让孩子觉得"看起来好好玩,我想试试",最好引入"竞争"机制。

"快到去幼儿园的时间了。妈妈洗碗,宝宝收拾玩具,我们比比谁更快吧。我很期待回到这个房间呢。可别输了哦! 好了,开始!"

这样一来,父母做家务就会进展更快,孩子也会有游戏时间延长的感觉,积极地去收拾玩具。

要是孩子做得快的话,就这样跟孩子说。

"哇,这么快就搞定了! 而且还是很仔细地做完了呢! 妈妈都看到了哦。"

"妈妈也很努力了,但还是没有做完哦。果然拿出来的东西越多,收拾起来就越麻烦呢!"

像这样，尽量具体化地表扬孩子做到了的点，让孩子有机会知道"那样做是对的"，这样就可以让孩子养成更加良好的整理习惯。

相反，如果是父母做得比较快的话，也有必要和孩子进行恰当的交流。

"真可惜啊。但是，宝宝把玩具都轻轻放回去了呢！"

"妈妈要多学学宝宝，从下次开始更仔细地去做整理！"

像这样，父母赢了就一笑而过，并具体告诉孩子在这过程中他们"做到了"的事有哪些。

这个竞争就是"为了开心而做的游戏"。根据孩子的性格，让他们在不甘心的回忆当中产生"下次一定赢！"的念头，或许可以激发他们的干劲。

此外，如果父母总是输的话就会显得很刻意，之后孩子也会觉得越来越没劲。

只要孩子心中萌生出"这次不能输！"或者"这次也要赢给你看！"的情感，做整理的积极性就会逐渐提高。

出门前：②"计时赛"

这是一种规定时间后让孩子来做整理的方法。即使只用智能手机和厨房计时器来测做整理的时间，也比一句"去收拾！"有仪式感，更能提高孩子的干劲。

"快到去幼儿园的时间了。我用计时器来测测，你今天能不能在 5 分钟之内把玩具送回家。"

虽然这只是一件微不足道的小事，但即便是这种小事，对孩子来说也像在做游戏一样，能让孩子愉快地去做整理。

孩子在规定时间内做完的话，父母要认可孩子的整理成果、付出的努力，要大力表扬孩子。不仅要表扬孩子，还要和孩子约定：如果他们在规定时间内完成的话，就在日历上贴上纪念贴纸——虽然这只是一件小事，但却和孩子的干劲息息相关。

如果孩子在规定时间内没有做完，不要责备孩子。像这样和孩子沟通："是因为今天做得太多了吗？怎么样，今天的整理不好做吧？"问问孩子没有完成的理由，考虑下一次的目标时间，然后引导孩子，让他们能享受其中。

此外，如果孩子知道多少玩具他们会收拾不过来的话，他们自己就会思考，下次拿出的玩具数量就会是在自己能够做好整理的范围之内。

根据空间大小和孩子确认玩具的数量，和孩子说"你拿出这么多玩具的话，可能在规定时间内收拾不完""拿出太多的话，回家之后收拾起来会很费劲"。在孩子选出合适数量的玩具时，夸奖孩子"学会了啊""连这个也想到了呢"，帮孩子积累经验，让孩子变自信。

有的人可能会觉得："在规定时间集中做整理，孩子可能会做得不认真。"这种情况的话，只要事先跟孩子说明规则就好了。

"要是随便一扔的话就是犯规，就输了哦。"

"要温柔地把玩具送回家。不要把你心爱的玩具弄坏。"

这样寓教于乐地教给孩子。

此外,如果孩子乱七八糟地收拾完,就跟孩子说:"嗯,平时都能打 100 分,今天的话只能打 80 分啊。你看,玩具是夹在门缝里的哦。看着就好痛!"诸如此类,提醒孩子下次不要这样做就好了。

我刚刚介绍过的两种"出门前"的说话方式,都能让孩子感觉游戏时间延长了。像这样,在孩子做整理时对他们进行引导,设法让孩子觉得做整理很好玩。

父母的说话方式影响孩子的整理积极性

"讨厌做整理。"

"不收拾的话就会挨骂。"

是否会给孩子留下这种负面印象,取决于父母的说话方式。不止是整理,要想让孩子在成长过程中做任何事都享受其中,积极思考,那么父母就必须要寓教于乐。

可能父母不经意间就会焦躁起来,会想对孩子说"快去收拾!"但如果父母一直用这种方式跟孩子说话,就无法让孩子主动去做。当然孩子也就会越来越讨厌做整理,渐渐会有"自己做不来"这种意识。

因为害怕,因为不会做,因为无论如何都会失败……

让孩子产生这种悲观想法的原因,是日常生活中父母无意的言行举止让孩子失去信心,害怕失败,并且剥夺了他们的好奇心。

我认为这是影响孩子们成长的一个大问题。父母对孩子的说话方式、表现出的行为方式,会对孩子的将来产生不可估量的影响,我们父母应该自觉地去积极设法把孩子的干劲调动出来。

父母说的话进不到孩子耳朵里时

孩子正玩得忘乎所以、全心投入时,经常会听不到父母说话的声音。除此之外,有时即便他们听到了,但因为想和父母对着干,所以就不做声。

这种情况下相对应的处理方法,我会按照不同的场景来进行解说。

孩子注意力太过于集中而听不到父母的说话声时

当孩子十分投入地玩耍时,即使反复跟孩子柔声细语地讲,孩子也不回应或是不行动的话,妈妈就会变得焦急烦躁。最后,如果妈妈生气地跟孩子说:"喂! 你够了!""要我跟你说几次才行呢!"那么最初柔声细语的引导就不会起作用了。

能专心致志地做一件事十分了不起。如果父母为此生气、对此否定的话就太可惜了。

当父母反复跟孩子说但孩子还是不行动时,就走到孩子旁边,把对孩子爱不释手地玩着的东西和专心致志的样子产生共鸣的想法,用语言表达出来。

比如,具体化地表扬孩子边思考边玩耍的样子。

"真棒,我喜欢这个玩法哦!"

"这个轨道真长! 这是通往哪里的呢? 看起来很好玩哦,宝宝想得真周到呀。"

接下来,让我们站在孩子的角度,问问孩子接下来想怎么做。

"还在做？还想继续吗？"

孩子在玩塑料积木或木制积木时，会因玩到一半还未完成而不想收拾，或者是好不容易才搭完，不舍得收拾。

父母站在孩子的角度，才会知道该如何处理。

父母不要固执己见地觉得"一定要这样"。改变整理时间，让孩子"在睡觉前整理完就可以了"，或者是因为珍惜孩子的劳动成果而允许他们在规定期限内整理完毕就可以，又或在孩子整理完之前把玩具移到不碍事的位置放好，能随机应变应对各种情况十分重要。

父母在做饭、洗衣服时，由于时间原因，总会有不能在孩子身边进行督促的时候。这时，要让孩子看向自己这一边。

然后，跟孩子说，在做整理之前，先进行一下缓冲。

"宝宝，在干什么呀？让妈妈看看。"

然后，和刚才一样，对孩子专心致志玩的东西，以及父母自己看到的场景，要做到和孩子产生共鸣。这样一来，孩子就会知道父母是理解自己、看着自己的，因而他们就会感到很安心。

这样跟孩子说完之后，再跟孩子说："马上就要出门了，我们把玩具送回家吧。"

通过这种劝说引导的方式，孩子会开始收拾，或者是说"我想过一会儿再收拾""我想再玩一会儿"等等，告诉父母自己想怎么做。

如果孩子有自己的想法，只要和孩子商量好什么时候做整理，父母就没有必要生气，催孩子"快去收拾"了。

无论是孩子还是父母，如果家人能理解自己所想所做的事，我们就会很安心。而且，孩子的态度也会转变，会愿意听从父母指示。

因为我们都是人，所以会有焦虑烦躁、和家人发生冲突的时候。

当我自己没有耐心的时候，这种焦躁会体现在给孩子回话的态度上。在这种情况下我们要给予自己理解，并告诉孩子："刚才对不起哦。妈妈刚才说话很难听，你再等一下。"然后，做深呼吸让自己冷静下来。

而且，这时不要强迫孩子马上去做整理，只要告诉孩子，"睡觉之前要把玩具送回家"，就可以了。

如果父母只是一味地去包容孩子的情绪，就会很累。

我不认为"因为我是当妈的，所以我只能忍着"。我觉得妈妈也要告诉孩子自己的想法，互相理解对方的想法十分重要。

不是说一定要立即理解，而是可以先通过"一问一答"来做出改变。

就算是母子，有些事不说出来，彼此也不会知道。通过做整理，可以让孩子从小就养成和父母互相传达想法和情绪的习惯。

孩子听到却选择忽视时

孩子听到父母跟自己说话却选择忽视时，大多是在因为什么别的理由而反抗父母。

比如，孩子刚才和妈妈说话，但妈妈没有好好回答；妈妈只抱比自己小的孩子，但没抱自己；等等。很多时候，孩子生气不

发泄出焦躁情绪的话……

焦躁

对不起哦，
妈妈刚才说话很难听。

嗯，我知道啦，
睡觉之前要收拾好。

是因为玩耍和玩具的事，而是因为其他事生气而选择忽视父母的话。

即使父母问孩子"为什么要无视我"，也只会让双方更加焦虑烦躁。我所推荐的应对方法，是父母不要指出被孩子无视这一点，而是找个由头试探一下，看孩子是否是对某事感到不满所以才不回话。

如果父母被无视是因为孩子揣着心事的话，那父母隔着很远的距离跟孩子说话也就没有什么效果了。一定要走到孩子身边去和他们说。

父母边问孩子："我没听到你回话，怎么啦？"边抱抱孩子、摸摸孩子的头，这时孩子也会坦白，希望妈妈能知道自己刚才是在想事情，现在会和妈妈说话。

孩子不回话，其实也是另一种呼唤。把它当作某种信号，找时间和孩子待在一起或许会比较好。

在不明缘由的情况下，不要催孩子："快回我话！快去收拾！"问清原因之后，再跟孩子说说希望他们改进的地方。

当然，也经常有孩子因为单纯还不想做整理，而假装听不到父母说的"去收拾吧"。

如果孩子不想做整理的理由仅是"好麻烦"的话，父母就要转换到玩具的视角来引导孩子。

"如果你睡觉之前不把玩具送回家的话，玩具就会在一片黑暗中迷路，特别可怜，所以让玩具回家吧！"

"宝宝要是迷路的话也会哭吧？玩具也是一样哦。懂事的宝宝一定知道这个道理吧。"

为了让孩子能在睡觉前收拾完,可以试着用这种方式跟孩子来说。

此外,父母担心孩子睡眠不足,"孩子要是不早点睡的话会睡不够的",所以平时在晚上都会特别焦急。

我有时候会跟孩子说:"还不睡吗?那我先睡咯?"接着就先进卧室了。

虽然孩子会说"还想再玩一会儿""不想睡"等等,但父母可以通过和孩子约好"几点就睡觉"的方式,或者以"睡太晚的话,明天就不能尽情玩耍了呢"等具体理由,促使他们行动起来。

第四章

不同玩具的收纳方法

该把玩具收拾到哪里、
如何收拾

🧱 目前的环境真的适合孩子做整理吗？

孩子最喜欢的玩具。

孩子很珍惜的玩具。

孩子用过的、充满回忆的玩具。

再也不玩的玩具。

坏掉的玩具。

收到的、但还没玩的玩具。

……

如果把这些玩具都放在一起的话，要用的时候和收拾起来的时候都会很麻烦。在这种情况下，就算父母拼命跟孩子说"快去收拾"，孩子也不知道从何做起。

那么，把玩具收拾到哪里、如何收拾，才能让孩子自己主动去做整理呢？

便于做整理的地方

首先让我们来想想"把玩具收拾到哪里比较好"。我们可能会觉得"玩具应该放在儿童房里",但如果儿童房只是有可以做收纳的地方,却没有被收拾好的话,那这就不是一个便于孩子做整理的地方。

不要从儿童房等固定的房间里来找收纳位置,想想"孩子平时都是在哪里玩这个玩具呢"。那个位置的附近可以说就是最佳收纳位置了。

不要想着"因为是孩子的玩具,所以就放在孩子的房间",而是要把玩具一个个拿在手里,想想:"孩子平时都是在哪里玩这个玩具呢?"

如果不知道是在哪里的话,就问问孩子,或者是观察孩子玩耍时的样子,这样就能找到适合孩子做收纳的最佳位置了。

这个方法不仅限于整理孩子的东西。对于所有东西的收纳位置,都可以用这个方法进行思考。

如果是父母自己的东西,就可以自问自答。

如果是大家所有的东西,就要问大家意见。

"这个一般在哪里用呢?"

如果是幼儿的话,就需要父母在仔细观察孩子情况的基础上做出判断。

然后,全盘考虑好"孩子经常玩耍的地方""哪个玩具玩得多,哪个玩具玩得少""便于孩子存取玩具的高度"等问题,设置收纳位置。

此外,如果父母不知道如何收纳的话,一定要问问孩子的意

收纳的最佳位置是哪里？

关键是把经常用的东西放在马上就能拿出来的位置！

去托儿所背的书包和学习用的书包不要放在地上，而是要充分利用墙面空间。　而且要在挂钩上贴上标签。

孩子也能轻松收拾好的收纳方法是？

为了方便孩子轻松收拾好第二天去托儿所要带的东西，要把东西都收在一个抽屉里。

如果什么都不考虑的话，玩偶和箱子就会不断增多，我建议让孩子以"放入这个箱子的量为止"作为一个衡量标准。

见。比如，一边把不同样式的收纳盒给孩子看，一边问："抽屉和箱子哪个收拾起来更容易？"孩子会给出他们自己的意见。这样一来，父母和孩子不仅能一起完成收纳，孩子还会感受到被父母依靠的喜悦。

"如何"收纳比较好

在第二章中我讲到了整理的基本要点，在本章中我会介绍孩子常玩玩具的推荐收纳方式。由于玩具形状、玩法的不同，各种玩具的组合也是多种多样，让我们试着用易存取、易收拾的收纳方式来重新整理房间吧。

请在刚才介绍的"经常玩耍的地方""容易存取的位置"，准备好进行接下来要讲的各种玩具收纳。

不再"有一块拼图找不到啦!"

拼图的收纳方法

🧩 拼图是父母和孩子可靠的小伙伴

孩子到 2 岁左右就可以独自玩拼图了,对于父母来说,这也是一个令人满意的优秀游戏。如果是在安静的环境当中,小孩子也可以集中精力尽情玩耍。此外,拼图还可以培养孩子的专注能力、想象能力、记忆能力、思维能力、动手能力等重要的能力。

因为这也是父母希望孩子能好好玩耍的玩具之一,所以要做好收纳,让孩子方便存取。

🧩 板面拼图连同板面一起放入拉链盒中

适合小孩子的 30～60 块大小的拼图,一般是嵌在拼图板上,装入一层薄薄的塑料袋里进行出售,一旦开封,就没有再把拼图装进去的东西了,所以有很多孩子就会把拼图弄丢。

如果拼图丢得七零八落到处都是，找起来也会很困难。因此，可以把拼图连同拼图板一同装进 B4 大小的拉链盒中，在盒子外面贴上照片或者文字标签。

如果拼图数量多的话，就把每张拼图连同拼图盒一起装进文件箱中，这样就不用担心会弄倒拼图，同时也能够做好收纳。文件箱可以立着放，但如果横着放的话，不但用的时候会很稳定，而且还方便孩子进行存取。

把只有图块的拼图放入收纳盒中

适合小孩子的、不带拼图板而只有图块的拼图，一般是放在纸质的拼图盒中进行出售。

如果就按照原来那样，把拼图放在纸质的拼图盒中直接拿来用，不仅拿出来放进去会很困难，而且拼图也没有支撑物，很容易就会弄乱弄丢。

想防止图块丢失，还有一种方法就是，用百元店 * 里卖的那种食品收纳盒来装拼图。

如果你选的是那种孩子也能轻松打开的收纳盒，那么就能够方便孩子自行存取、主动收拾拼图了。这种盒子上也要粘贴照片或文字标签，可以把盒了上原有的花纹图案撕下来，再把标签贴上去。此外，如果收纳盒是透明的，那么即便只贴有文字标签，也可以看到里面的图块，所以孩子能立马知道里面的拼图是什么图案，十分方便。

收纳盒的大小，要比拼好的一版拼图尺寸稍大一点为好，这样不仅便于孩子用手整理，而且收拾的难度也会降低。

---

* 商品定价一律为 100 日元的日本商店。——编者注

不弄丢拼图的收纳方法

从纸质盒子里拿出来
放进去都很困难呀!

容易弄丢图块!

文件箱横着放
的话,方便孩
子存取拼图。

照片标签

只有图块的话,就都放进
收纳盒中。

照片标签

把板面拼图连同拼图板
一起放进拉链盒中(照
片要B4大小的)。

不被"哎,哪去了呢?"的问题困扰

小型玩具的收纳方法

🧱 容易弄丢的小玩具

与其说是小玩具,不如说是一些像"扭蛋机""餐厅儿童套餐里送的小玩具""节日赠品""旅行纪念物"之类的小玩意,似乎不胜枚举。在各个地方都能轻易得到,而且还会越积越多,就是这类玩具最明显的特征。

孩子们最喜欢这种小玩意儿了。但是,如果没有做好一个简单明了的收纳,却要在众多东西当中找出想用的,对于父母来说也十分困难。

有的孩子找不到想要的东西时,就会哭起来,或者就会变得手忙脚乱、焦躁不安。

🧱 以孩子能够管理好多少东西为标准

不要因为这些东西小而且便宜,就越攒越多,而是要像对待其他玩具一样，让孩子意识到自己有什么、自己能管理多少东西。

2～6 岁的孩子，建议所有小玩具的数量以能放入 A4 大小、深度 15 cm 左右的箱子中为标准。孩子从大箱子里找东西会很困难，但如果是 B5～A4 大小的箱子的话，孩子很容易就能找到他们想要的东西。

建议使用塑料制的、轻量型且无制动器的抽屉，这样孩子就可以把抽屉拉出来拿到玩的地方。

分门别类，便于查找

在箱子当中放入小箱子，装上隔板，在这些小玩具当中，再按照玩具大小、种类分开收纳，这样就会更容易找到自己想要的东西。

但是，如果这种收纳方式与孩子的性格和生活习惯不相符合，让孩子把玩具放回原位就会给孩子带来很大的压力，所以只让孩子先一股脑地"把小玩具放进箱子里"就可以了。

像超级球等这样小小的、会滚来滚去的玩具，就放进带盖子的塑料瓶中。这种塑料瓶在百元店就可以买到。另外，用空果酱瓶来装也是可以的。

考虑到收纳东西的多少，塑料瓶的大小最好和孩子商量后再做决定。

一下就能找到小玩具的收纳方法

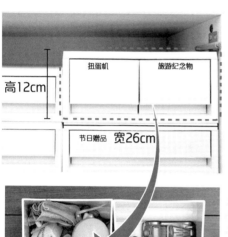

扭蛋机　　旅游纪念物

高12cm

节日赠品　宽26cm

A4大小的塑料抽屉，孩子用
起来既轻快又方便！

加上隔板更容易找到。
分配工作交给孩子！

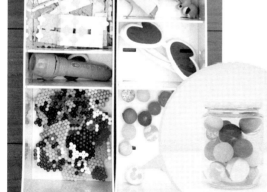

圆形的易滚落的东西，
装进空瓶子里。

只要一个就能集中所有！

信件集、绘画集的收纳方法

把要用的东西都收在"信件集"里

不论男孩还是女孩，在幼儿时期，我们经常可以看到他们互相交换信件的身影。女孩子早一点的话可能从 3 岁开始，男孩子的话差不多从 4 岁开始就会互换信件。

就算不会写字，画上一幅画或者贴上贴纸，送给自己最喜欢的朋友，对于孩子来说也会让他们感到十分开心。

另一方面，因为写信要用到很多东西，如信纸、信封、笔、贴纸等，所以如果把这些东西都零零散散地放在各个地方，收拾起来就会很费劲。

因此，如果把写信时要用到的这些东西都归到"信件集"中收纳起来，想写信时就不用再跑到各个地方去拿，拿起笔就可以写。收拾的时候，把用完的东西迅速整理到一起，再放回一个地方就可

做好简单的分组收纳

 把"信件集"中的东西归整
起来放在一个文件箱中

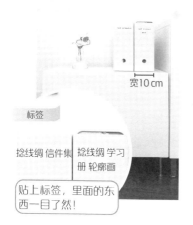

宽10cm

标签

捻线绸 信件集　捻线绸 学习
　　　　　　　册 轮廓画

贴上标签，里面的东
西一目了然！

把文件箱移动到要用
的地方。收拾起来也
很轻松！

信件集以此例进行说明

 要仔细阅读收到的信件的话，
建议把信件放在"信件集"！

信纸　　　贴纸　　收到的信件　　　邮票图章

把信纸装进A4大小的　　把贴纸和收到的信件放进带　　把邮票图章装进
透明文件袋中。提醒　　拉链的透明袋子里，防止弄　　透明小袋子。
孩子不要越攒越多！　　得零零散散到处都是。

以了，所以整理的难度也就会降低。

如果收纳盒是抽屉样式的话，就得叠起来放，这样就看不见里面有什么了。因此，A4 大小的文件箱是最适合用来当"信件集"的，推荐使用。

文件箱的大小，一般以宽 10 cm 左右为基准。文件箱的空间最好有富余，对于每天都要和朋友互通书信的孩子来说，可以让他们使用 15 cm 左右大尺寸的文件箱。大家可以根据情况自行选择。

不知不觉中要买很多的信纸也只要 2～3 种就足够了。让孩子意识到，把一种信纸用完后再买另一种，这样就不会越攒越多。

信纸和贴纸等，可以收进贴有标签的透明拉链袋中，袋子里面的东西从外面就可以看到。

孩子想要写信时，把文件箱搬到桌上，从手边就可以拿到自己需要的东西。而且，用完之后只要当场把所有东西都收回文件箱，来回一次就可以完成所有工作。

笔等文具，除写信用之外，如果家里收纳空间和资金允许的话，再准备一支笔，让孩子玩的时候用，这样就会很方便。或者是在"信件集"文件箱旁边，把其他文具和写信用的文具放在一起，这样就可以轻松共享一个收纳盒了。

朋友来信的收纳方法

如果是和朋友互换信件的话，从朋友那里收到的信件就会越攒越多。

如果总是看到孩子在看着朋友的来信写回信的话，在文件箱里准备一个"来信袋"用来放这些信就可以了。

这一步不是必须的,如果孩子看完来信就会收起来的话,就不用再放进文件箱了。是做一个专用来信箱,还是放进回忆箱,和孩子商量后再做处置。

如果房间很小或是收纳空间有限,来信箱太多的话,房间就会拥挤不堪。所以如果来信箱满了,就让孩子把一些珍藏的信件放进回忆箱中。如果孩子想要频繁回看这些信件的话,可以花点心思,把回忆箱放在文件箱的旁边。

把多个东西进行"组合分组"

除"信件集"之外,还可以让孩子把笔记本和水笔、蜡笔归到"绘画集"中,把轮廓画和彩色铅笔归到"轮廓画集"中等,配合孩子喜欢的游戏进行分组,这样他们不仅收拾起来很容易,而且也不会再把东西放一地之后就不管了。

虽说可以把好几种东西都组合起来,但也要看每种东西的大小,不能一概而论,比如说一些比较小比较轻的"折纸、折纸书、剪刀"之类,完全可以都放在一起。

但如果是量多一点的东西,比如积木,就不要和其他玩具放在一起,即使用在旁边放东西的这种方法,也只要设计一条行动路线就够了。因为用这种方法收拾起来十分方便,所以就按照玩具的多少及大小来判断就可以了。

学习集、绘画集以此例进行说明

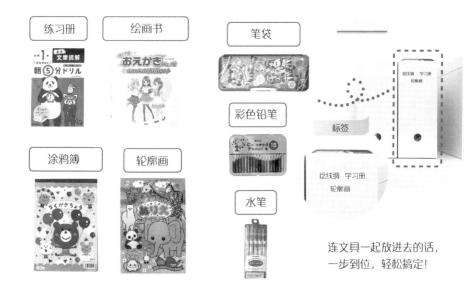

练习册

绘画书

笔袋

彩色铅笔

涂鸦簿

轮廓画

水笔

标签

捻线绸　学习册
轮廓画

捻线绸　学习册
铅笔盒

连文具一起放进去的话，
一步到位，轻松搞定！

解决"太大拿不了!"的难题

积木的收纳方法

包装盒不一定好收拾

积木一般是放在专用的盒子里进行出售,但是这种积木盒却十分庞大,存在感十足。或许有很多家庭会因为积木盒太大而放不进自家柜子里。也有的家庭会因为柜子和壁橱放不下,就只好把盒子放在房间的角落。此外,也有的积木是装在纸箱里进行出售的。但是要把积木放回易坏的、不容易打开合上的纸箱里,对于大人来说也是一项很麻烦的工作。

虽然"原本就是装积木的盒子",但也没必要把积木收纳在这种纸箱里。即使孩子喜欢原包装的积木盒,但是这种积木盒比较重,孩子不好拿,不适合做收纳,所以不要拘泥于原包装盒,让孩子选一个自己容易整理的收纳盒。

把积木放进便于收拾、便于搬运的收纳盒

如果喜欢内嵌式收纳，又不想让不常用的东西放在墙角落灰，还很喜欢精美的盒子的话，我建议大家可以把积木放在柜子里的收纳盒当中。

收纳盒在家具店或者是网上都可以买到。因为选择空间很大，所以盒子只要根据积木多少来买就好了。积木一般都会装在一个大盒子里进行售卖。所以，可以准备一个比积木的原包装盒小的、样式简单的盒子。为谨慎起见，在买收纳盒之前，最好把积木都倒在地板上，估计一下大概有多少。

如果把收纳盒放进柜子里，就不需要盖子了。不盖盖子的话，就会省去"盖盖子"这一步骤，这样孩子收拾起来就会轻松一点。我建议大家买塑料盒，最好是那种有手提处的收纳盒，孩子搬起来会很方便。

用这种箱子的话，孩子玩完积木后很容易就能物归原位，不仅会减轻孩子做整理的负担，而且就算父母不说，孩子也能主动收拾好。

方便的积木收纳法

长 26.4 cm

高 23.6 cm

宽 19.2 cm

原包装箱要比积木总量大很多。剩余空间很大。

把积木放到大小刚好、没有盖子、有手提处的收纳盒中。贴上"积木的家"标签，一目了然！

整理前

整理后

这样做大大节省了空间！

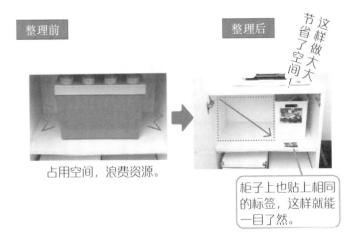

占用空间，浪费资源。

柜子上也贴上相同的标签，这样就能一目了然。

孩子
做收纳

6

孩子的愿望是"我喜欢绘本，
我想要这个"

根据孩子年龄设计的
绘本收纳方法

📖 根据年龄适时调整

绘本的摆放方式，有像书店一样正面朝外放置的，也有书脊朝外竖着放的，两种方法各有各的好。

正面朝上的摆放方式，会更容易引起孩子阅读的兴趣，但是也需要更大的空间，想把所有绘本都用这种方式收纳的话就不太现实。

因此，我建议分阶段、分情况来放。

📖 婴儿时期绘本的收纳方法

婴儿时期，我建议先把孩子感兴趣的2～3本绘本，正面朝外，摆在孩子够得到的、低于胸部高度的地方,其他绘本采用书脊朝外竖着摆放的方法进行收纳整理。如果孩子还处在不识字的年龄段,就让他们好好看看封面图画。比起看不到所有绘本封面、只能看到书脊来说,这种收纳方式会大大提高孩子对绘本的兴趣。

幼儿时期绘本的收纳方法

幼儿时期,孩子基本上已经知道读绘本的乐趣所在,比起用封面来引起他们的兴趣,降低他们自行拿取绘本的难度更为重要。把所有绘本以书脊朝外、竖着摆放的方式进行收纳,高度以孩子容易拿出、放进为准。这种收纳方式,可以方便孩子在众多绘本当中拿出自己喜欢的那一本。

收纳这样教

一步教出会收纳的自律孩子

面向不同年龄段的绘本收纳方法

面向婴儿

高
49cm

把他们特别想看的绘本封面朝外放置。其他绘本则以书脊朝外、竖着摆放的方式进行收纳。

面向幼儿

可以只把书脊朝外进行放置。不过，柜子还要和婴儿时期一样，高度也要在设置在孩子够得到的地方。

文件箱

柜中放入文件箱，把从托儿所、图书馆等处借来的书放进去，以免和自己的书混淆，或者是忘记归还。

书挡

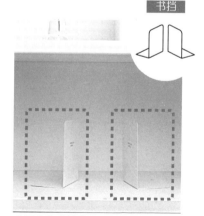

中间放入书挡的话，就不用担心会把书弄倒，同时也方便孩子拿书、放书。

130

孩子
做收纳

7

不再"大东西小东西全都一团糟"

井井有条地整理过家家
玩具的收纳方法

种类繁多的过家家玩具

过家家的玩具,形状各式各样,零碎的部件也有很多。

如果把锅、勺子、杯子,还有木头和塑料做的食物都放在一起,找起东西来就会很花时间。

如果是婴儿的话,找不到想要的东西可能就会哭闹起来。

"找东西"这种行为,对于孩子和大人来说都是一种压力。

要想让孩子开心地玩耍、玩好后主动收拾的话,收纳就要做到让孩子一下就知道哪里有什么东西,就像收纳积木那样,给孩子们准备好的收纳方法要让他们感觉到做整理的乐趣。这样的话,即使是小孩子也能自己主动来做整理。

根据种类分别收纳

正如先前所说,过家家的玩具种类十分丰富。如果孩子经常玩过家家的话,就根据玩具种类来分别收纳,这样的话便于孩子选择自己想要的玩具,也省去了找东西的麻烦。

具体可以分为以下几类。

- 食物(过家家游戏里的蔬菜和水果等)
- 盘子
- 杯子
- 餐具(叉子、勺子)

像这样以类别来分,除了数量较多的食物和餐具以外,都可以集中起来笼统分类。

分好的东西,以容易拿出、放回的方式进行收纳。

如果你现在是用架子来做收纳的话,就在架子上贴好照片标签。

如果是采用纵向收纳的话,就把常用的东西放在最外面,把不常用的放在最里面。

如果是用大抽屉来做收纳的话,可以在抽屉中放入百元店卖的抽屉专用整理箱,再把玩具进行分类收纳。

如果是小抽屉的话,一样可以用这种整理箱,或者是放入隔板,每个抽屉里放 1~2 种东西。

以游戏般的感觉打开孩子干劲的开关

无论是放在架子上,还是放在抽屉里,孩子都能马上知道东西的固定位置——具体方法就是用在百元店能买到的那种 A3 大小的收纳篮,把照片贴在篮子底部,让孩子一下就知道什么东西应该放在哪里。

这样的话,整理的时候,只要一边看着照片一边把东西放进去就能收拾好,即使是小孩子也可以带着做游戏的感觉轻松做好收纳。

这种游戏收纳的好处,不仅是易懂,还能在孩子干劲不足的时候发挥大作用。

比如,父母拿着一个过家家的玩具问孩子:"那么问题来了——这个杯子的家在哪?"孩子往往会积极地回应:"我知道!"这种方式可以调动孩子做整理的干劲。

🧱 给大道具做柜台

过家家的玩具除先前提到的东西之外,还会有煤气台、冰箱等大型道具。这类大型物品孩子不易拿进拿出。

因此,建议给玩大型过家家玩具的孩子、喜欢玩过家家游戏的孩子,在房间里做一个过家家玩具柜台。

把收纳架看作水槽,在架子上放置煤气台等大型过家家玩具,做一个孩子专用的厨房间。

如果把之前介绍的游戏收纳法运用到这里的话,不仅能让孩子开心轻松做整理,还会让孩子觉得"我想保持这个状态",从而促使他们积极主动收拾好自己的东西。

把过家家的玩具分类之后再整理

 重点是便于孩子找到自己想要的东西！

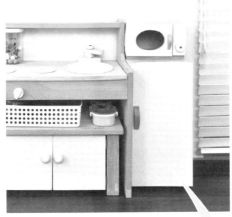

过家家玩具的柜台……

把这些玩具笼统地分成
"食物"类，只需把它们
放入箱子就可简单完成
收纳工作。

过家家厨房里的游戏收纳法

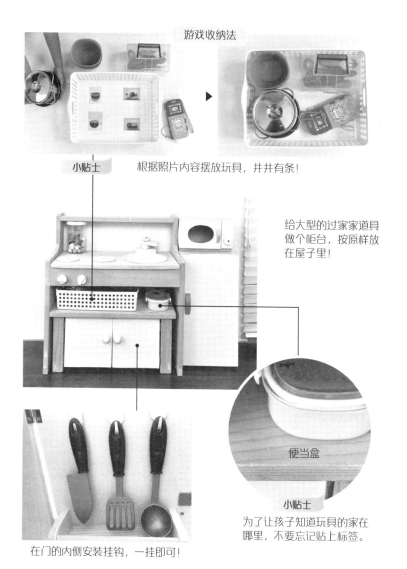

游戏收纳法

小贴士　根据照片内容摆放玩具，井井有条！

给大型的过家家道具做个柜台，按原样放在屋子里！

便当盒

小贴士
为了让孩子知道玩具的家在哪里，不要忘记贴上标签。

在门的内侧安装挂钩，一挂即可！

用一个动作完成整理很重要！

放回即可的大型玩具收纳方法

🧱 确保可以直接摆放的空间位置

指尖玩的益智类玩具，会发出声音的箱型类玩具等大型玩具，建议不要放进收纳箱里，而是直接放在架子上。

做法很简单。把标签贴在架子上，找好固定位置，只要孩子把玩具放在对应的位置就可以。不过，就算孩子还是婴儿，也要尽可能给他们多留一些空间，以方便孩子放玩具。

有很多玩具会像大型软积木那样，放在箱子或塑料盒里出售。很多人会直接用原来的包装盒收纳玩具，但如果用原包装盒收纳的话，孩子就必须要先打开包装再把里面的东西拿出来，这对于小孩子来说很难。

为了让孩子开怀畅玩，能简单地把玩具拿出来、放进去就可以做好收纳的方法是最好的。

让小孩子也能轻松做好整理的收纳用具，是无盖轻量型的收纳盒。只要"放入"这一个动作就能完成，搬起来也很容易，这就是让孩子主动去做整理的秘诀。

另外，在箱子底部贴上防止刮花家具的圆形软贴，贴 4 个左右，这样孩子在拉箱子或搬箱子的时候就不会把地板刮花，父母也不用再提醒孩子"不要把箱子放在地上拖！"

除软积木之外，建议把玩偶等大型玩具都放进箱子里。

一放即可的大型玩具简单收纳

 建议把大型玩具直接放在架子上！

标签

地球仪

抓娃娃机

重点是把架子的相应位置贴上标签，让孩子知道放玩具的固定地方。

大型玩具专用收纳箱的制作方法

装玩偶和软积木的话，就用无盖轻量型的布艺箱。

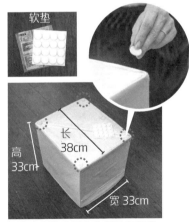

软垫

长 38cm

高 33cm

宽 33cm

把防止刮花家具的软垫贴在底部，就算孩子拖拽箱子也不再担心！

推荐给特别喜欢某个动画角色
和其周边*的孩子！

同类玩具只需汇总即可的
分类收纳方法

先按动画角色进行分类

面包超人和托马斯、光之美少女……诸如此类的受欢迎角色
的玩具周边，想必大多数家庭中都会有不少吧。

因此，例如孩子喜爱的角色是面包超人，就把所有画有面包超
人的玩具都放进一个箱子。把面包超人的贴纸和照片贴在箱子
上，规定"画有面包超人的玩具都放在这个箱子里"。

箱子的大小要根据玩具多少来定，但量还是要设定在孩子可
管理范围之内，1 岁左右的小孩子，建议用便于搬运的 A4～A3 大

---

* 动漫相关产品。——编者注

只需汇总玩具周边的特定角色分类收纳

把同一个特定角色的玩具周边都整合到一个箱子里进行收纳。

长 26.6cm

高 23.6cm

宽 38.9cm

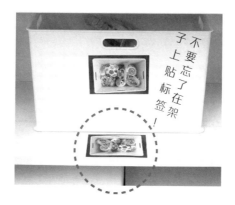

不要忘了在架子上贴标签！

小的盒子。如果有这种盒子放不下的大一点的玩具，即使是同一个角色的周边，也最好不要再与其他周边放在一起收纳。

以材质来选的话，塑料盒和硬纸板盒就很轻便。另外，尽量选方便孩子搬运的盒子，如带提手的盒子。

🎁 不能放入特定角色分类收纳盒中的东西

有几类玩具同样是某个角色的周边，且放得进 A3 大小的收纳盒。但它们性质特殊，最好另行收纳。

• 拼图

拼图的图块零零散散容易弄丢，不适合以特定角色分类的方式进行收纳。

用前面介绍的"拼图收纳法"来整理的话，不仅玩起来更容易，而且还降低了图块丢失的风险。

• 卡牌游戏类

和拼图一样，卡牌也是零零散散，很容易被弄丢。像扑克这种卡牌，集不齐的话就玩不了，最好把它放在一个比卡片本身大的盒子里。

• 轮廓画

角色形象填充的轮廓画，要和水笔、彩铅等组合起来一起使用，所以如果把画放入特定角色分类收纳盒中的话，就得从别的地方拿笔和彩铅，这样一来就会提高整理的难度。这种情况可以采用本章第 4 节提到的组合收纳方法。

喜欢轨道？喜欢摆出来？

根据孩子喜欢的玩法，进行电车和汽车的收纳

🧱 藏品如何收拾？

男孩子会特别喜欢迷你小汽车和电车玩具。有很多孩子都喜欢铁路和钢轨，他们会像收集藏品一样收集很多这种玩具。

电车玩具的车型多种多样，轨道的尺寸和形状也不尽相同。让孩子一个人来管理这么多的玩具，我觉得这比管理其他玩具更有难度。

即使同样都"喜欢电车玩具"，但每个孩子喜欢的玩法都不一样。关注到孩子的"玩法"，再考虑收纳方式，这是能让孩子自发去做整理的一个诀窍。

🧱 喜欢把轨道铺开的孩子

做一个圆形轨道，或者是做一个弯道使电车改变方向……对于这些乐于玩轨道组合的孩子,给他们在地板上准备一个大型空间,让他们能把轨道展开来玩。这样的话就能满足孩子的需要,让孩子充分发挥想象力,自由自在地玩耍。

为确保地板空间够大,不要将东西直接放在地上,或是采用令地板面积变小的收纳方式。可以根据孩子玩具多少,灵活使用收纳架,同时尽量不把东西放在地上。

如果孩子要把轨道按照脑子里的想法组合起来,最好能马上拿出自己所要的轨道形状。因此,如果按照轨道形状进行分类的话,孩子就可以随着思考顺手把轨道组合起来。

那么,让我们来看看如何具体收纳各个部位的零件吧。

•轨道

把直线、弯道、十字形的轨道按形状分类进行收纳,放在有深度的收纳盒中。因为轨道很长,所以建议把轨道放在较长的盒子中。

•零件

有红绿灯、车站、闸道口等各种小零件的话,建议分出"零件"类收纳盒,把东西都放进这个盒子里。

•电车、汽车的主体

如果是不太讲究的孩子的话,可以把东西全都一股脑地都放进高度20 cm的箱子里。因为孩子不会在很长一段时间内都能把东西摆放得整整齐齐,所以最好不要用摆放式的收纳方法。建议用这种把东西装进箱子,即可完成整理的收纳方式。

📦 喜欢把电车、汽车摆出来的孩子

也有孩子热衷于把藏品摆出来看。这种情况,可以把收纳架当作游乐场和收纳盒来用。这样的话,孩子就可以在最小的范围内把玩具拿出来、放回去,消除孩子做整理的负担感。

如果是把高度 40～60 cm 的长方形彩色箱子放在架子上,小孩子站着也能轻松够到。同时,架子表面就变成了一个桌子。

把类似轨道的垫子铺在架子表面让电车跑起来玩,或者是用防护带按照汽车和电车的尺寸四四方方地贴起来,做一个停车场,这样就把架子本身变成了电车、汽车的游乐场。

如果孩子喜欢把电车和汽车摆出来的话,建议笼统地按照部件种类进行收纳。

•轨道

如果已经把架子本身变成游乐场,轨道就不是那么重要了,所以也就没必要再细分种类。因此可以把轨道都一股脑地放进一个大箱子里。

•零件

和喜欢把轨道铺开的孩子一样,"零件"就都整合起来收到一个箱子里。

•电车、汽车的主体

让孩子把这些摆在抽屉里,或者在架子上空出一个可供摆放的空间,孩子心里就会萌生一种"我要把藏品收拾得整整齐齐"的想法。

喜欢把电车和汽车摆出来的孩子,如果学会了这个收纳方法,那么不用父母提醒,他们自己也会认真收拾好。

为了能让孩子开心地去做整理

　　通过了解孩子喜欢的玩法,改变收纳位置和收纳方式。首先要找到孩子喜欢的玩具,然后要观察孩子怎么来玩。建议在孩子玩尽兴之后,也要设计一个能让孩子开心做整理的收纳结构。

　　无论是哪种类型的孩子,只要把游乐场和电车、汽车的收纳位置给他们安排在一起,孩子想玩时马上就可以玩起来,收拾起来也会很容易。请大家一定要认识到这一点。

根据孩子的玩法进行电车和汽车的收纳

▌适合喜欢把轨道铺开的孩子

笼统地分类收纳。遵循不摆出来、放进箱子即可的简单规则。

收纳桥墩部件等的箱子

放车站和隧道等大型零件的箱子

▌适合喜欢把车辆摆出来的孩子

做好把车辆摆放整齐的收纳。让孩子一下就产生"我想这样摆放得整整齐齐"的想法。

把贴纸贴在收纳架前面的地板上,这样就能做出来一个游乐场。因为游乐场和收纳处离得很近,所以玩完后轻松就能收拾好。

因为充满了回忆,所以想好好珍藏!

孩子的重要作品的收纳方法

决定好"把哪些物品作为回忆保留下来"

在托儿所和幼儿园做的手工就不用说了,有很多孩子都喜欢用手纸盒和厕纸芯来做手工。

开动想象力,边在脑海里想象着作品的样子,边动手做……无形之中孩子们就会更迷恋这个作品,就会更加难以舍弃。

但是,因为收纳空间有限,如果回忆物太多的话,日常生活就会变得十分不方便,同时也会让人感觉到压力。

在这里能派上用场的,是前文所介绍的"回忆箱"。

那么,我来讲讲具体的使用方法。

作品完成之后当场做出如何处置的决定

作品完成之后,是"保存实物"还是"拍照留念",和孩子商量之后再做决定。

不过，无论是选择哪种方式，作品完成之后，或是拿回家之后，都要立即给作品拍照留念。

之前有一次，女儿从托儿所带回来一个画着手工画的马克杯。女儿的朋友同样也带了一个这种马克杯回家，回家之后他想立刻就用，他的妈妈把杯子洗了之后，好不容易画上去的画转眼间就消失了。最后孩子和父母都很失落。

除此之外，有时候这种手工艺品可能会不小心摔坏，或者上面装饰的摆件会掉落。即便是要保存实物，最好也先拍照留念。

拍过照之后，把作品放屋里摆1周左右。孩子虽然已得到制作的满足感，但也想让父母看，让父母夸奖，让父母喜欢自己的作品。为了满足孩子这一点，建议在一定时间段内展示孩子的作品。另外，不要忘了对孩子说"做得很好嘛""妈妈也很喜欢这个作品哦"。

规划好作品展示专用空间

作品展示时需要注意的是，不要把作品分散放在家里的各个地方。

作品完成之后，为了便于保存以及不让其落灰，要放到一个固定的展示位置，这样管理起来也比较简单。

展示场所，要结合房子样式及布局，和孩子商量之后再做决定。

如果想让家人随时都能看到，可以把作品安置在客厅的墙上或架子上。

而如果客厅的装饰品很多,再摆放作品就会让房间整体风格变得杂乱。这时,可以和家人商量重新考虑如何处置现有的东西,或者是把装饰品换成孩子的作品,这样客厅看起来就会清清爽爽。

儿童房建议整体装饰成明亮可爱的风格。

我家的话,因为客厅和儿童房挨着,所以孩子想看作品的时候马上就能看到,而父母每天也会去孩子的房间,也希望孩子按照自己的想法来装饰儿童房,于是就在孩子房间里设计了一个固定的展示位置。

挂图画等平面作品时,为了不把墙壁刮花,可以在墙上装上夹带,这样就能用夹子夹住作品进行装饰,而更换装饰物也很简单。

此外,用美纹胶带贴出边框,像在这一小块天地上演出一样,把作品贴上去也不错。

把立体的作品放在架子上,这样很容易就能看到。

即使作品被装饰在很多地方,但如果还是不能让孩子注意到自己被展示的作品,或者是注意到的时候作品已经落满灰尘,这样就体现不出展示的意义了。

展示的时候,要让孩子一眼看到就知道是自己的作品。要决定展示的期限,有新作品时还要更换。为了不让作品过多增加,制定规则之后,就更容易管理。

如果过了展示期限,和孩子商量一下,决定是要"保存实物"还是"拍照留念"。问问孩子以下的问题。

"放在回忆箱里?还是拍照留念?"

一旦习惯了这个整理方法,之后孩子就会主动说"这个拍照""这个放在回忆箱里!"

作品展示专用空间以此为例

不会弄坏作品!

把文件夹板挂在墙壁上，
作为作品展示的专用空间。

实物保管

实物保管的话,正如先前所说,因为重要的作品可能会损坏,所以保险起见,建议先给孩子和作品一起拍照留念,做好数据管理。如果要去远方亲戚家玩,还可以在软件上看到孩子的作品集。

之后,把作品放入回忆箱中保存。

如果回忆箱装满了,就要整理箱子,不让东西再增加。比较"箱子里原有的东西"和"要放进去的新东西",让孩子想想要保留哪一个。

对于频繁翻看回忆箱的孩子,如果把作品放进孩子的回忆箱里,有可能也会损坏。因此,易坏物品可以用缓冲泡沫等包起来,先存放在父母的回忆箱里。

拍照留念的保存方法

拍照留念的话,就让孩子拿着作品,用手指数表示自己几岁,然后用手机或相机拍下来。把照片保存在云端或者是蓝光光盘中,可以随时在电视或平板电脑上看到,对孩子来说会有一种满足感,他们也就可以安心地和这个作品告别了。

这时,如果决定用一个固定的云端应用程序来放孩子的作品集,电子照片就不会七零八落到处都是,就可以整合起来一起看。

我把孩子的作品集保存在了 Google Keep 中。Google Keep 没有容量限制(作者注:现在是 2019 年 3 月),而且还能在这个软件里打开相机功能拍照。因为可以在照片里加上标题和评论,所以"何时拍的、照片里是谁"这些问题都一目了然,用手机查看时也能

把作品存放在回忆箱中

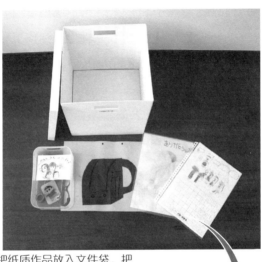

把纸质作品放入文件袋，把
小东西放进小盒子，这样的
话箱子里就会井井有条。

重要的绘画日记要
保存实物！

看到，十分方便。

　　使用 Google Keep，对于孩子来说也有以下好处。

- 想看的时候随时能看；
- 一些随手创作的作品也全部都能保存下来；
- 因为可以和家人、亲戚共享，所以他们可以轻松看到，夸奖孩子。

　　注意，一定要用孩子喜欢的方式来保存他们珍贵的作品哦。

用 Google Keep 保存作品的方法

①

拿着作品，
摆个姿势！

用手指数表示年龄

孩子拿着作品回家
后，马上给孩子和
作品拍张照。

\ 完成！ /

④

3岁初

满3岁

3岁初

4岁初
女儿节的作品
做了好多啊！

满2岁
本想伸出手指头表示
自己2岁来着……
（哈哈）

满4岁

满3岁

输入……

可以轻松发布，爷爷奶奶看了也很高兴。

Google Keep里能制作作品集！

②

📷 拍照

🖼 选择

Google Keep

打开Google Keep软件，上传照片。

③

4岁初
女儿节的作品
做了好多啊！

输入照片题目和解说之后保存。

家具更换一举成功的诀窍

重新布置房间、孩子升学、搬家等时,很多人会考虑增加收纳空间。有不少人会说,购置了新家具后,不仅房间变小了,就连想要收纳的东西也没能装进去。房间里摆放家具的话,地板面积减少,房间压迫感就会增加。

因此,买家具的时候有两个诀窍。

① 买家具之前想清楚收纳用途和摆放位置

比如,想给孩子放在餐桌上的文具找一个收纳位置时。把想在餐桌周围做什么、收纳多少东西……这些问题都写下来。如果要放文具的话,有抽屉会很方便。而如果要把文具放进文件箱进行收纳,就有必要使用置物架,我们可以根据具体情况做出判断。

收纳如果过分追求大容量的话,就容易想再买一些大件物品,所以我们最终还是要认识到哪些是要用

的东西、哪些是在用的东西,然后按照先后顺序排列,只考虑收纳优先级高的物品的尺寸大小。

② **选择能够长期使用的产品**

即便是放孩子的东西,也不建议选择孩子当下喜欢的设计。孩子长大是一瞬间的事,喜好也会发生改变。如果选择能够长期使用且样式简单的家具,就不会需要频繁更换了。最好选和房间设计以及其他家具颜色相统一的家具。此外,选择可调节式置物架,能够根据收纳物的大小改变置物架高度,这样的话能用更长时间。

第五章

让孩子自己做好次日外出准备工作的方法

孩子
做收纳

1

哪种整理结构能让孩子
自己完成整理工作？

在幼儿园做得了、在家却不能完成的理由

孩子第二天要去幼儿园或托儿所，头一天晚上该如何做好准备工作呢？我经常听到一些父母说，总觉得孩子还小没办法，要帮他们做所有的事，所以总在孩子睡着之后，睡眼惺忪地帮孩子收拾第二天要带的东西。

但是，"孩子几岁开始才会自己来做呢？""如果可以的话，还是希望他们自己来准备。"——其实这些才是父母的心声吧。

在托儿所，为让孩子从 2 岁开始自己学着一点点做准备，所内会设计适合孩子的整理结构，而老师会在一旁督促。

比如很多托儿所，教室进门处就设袜盒，在这条行动路线上，还会有毛巾挂杆和贴纸笔记盒，路线的尽头是存衣柜。也就是说，为了让孩子不跑来跑去也可以顺利完成整理，老师根据孩子们的行动路线，决定了东西的收纳位置。

孩子明明在托儿所可以自己整理好东西，为什么回到家就不会做了呢?

其理由不仅是孩子在撒娇,还可能是家里的整理结构没有设计好。

像托儿所和幼儿园那样,从进门开始,就在孩子的行动路线上设计一个便于他们收拾的整理结构,跟孩子说清楚在哪个位置应该怎么做,这样就能减少不必要的动作,让孩子自己顺利地完成准备工作。

在第五章中,我将会介绍整理结构的设计方法以及父母的说话方式。

这一系列流程,让孩子习惯要花 1 个月左右的时间。一旦孩子能够自己做整理了,父母每次只要叮嘱一下,之后就可以专心做家务了。而且,最重要的是,这是与孩子自身成长息息相关、让孩子走向独立的第一步。

"收纳老师"的家庭示例

首先,为了让大家对整理结构的全貌有个大致了解,来看看我家孩子们回家之后会用到的结构吧。

① 脱下的鞋子要收好

确保鞋柜里有孩子专门放鞋的空间,而且要设置在便于孩子存放鞋子、低一点的位置。

玄关就是家里的脸面,所以脱下来的鞋子不要放在那里,要自己收起来,放进鞋柜。

② 拿出脏衣物(洗手、漱口)

放好鞋子之后,拿着书包顺着这条路线直接去盥洗室,从自己的书包里掏出脏衣物放进脏衣篓。因此,父母要把脏衣篓放在地

保持玄关整洁干净的诀窍

大女儿放鞋的位置

二女儿放鞋的位置

三女儿放鞋的位置

脱下来的鞋子一定要放进鞋柜，这是伊东家的规矩！

给孩子在和身高差不多的位置留出空间的话，收纳难度就会下降。

下,这样孩子也可以轻松把脏衣物放进去。

把脏衣物放进脏衣篓之后,马上就能在旁边的洗手台上洗手、漱口。

③ 挂好外套

一进客厅,旁边的墙上就装有挂衣钩,用来挂外套。挂衣钩的位置,在孩子视线所及、用手轻松就能挂上去的高度。

为避免孩子把外套放在地上,要在离玄关最近的客厅入口处,装上挂衣钩。

为了让大家看明白下一页的平面图,我把③～⑤的距离稍微拉长了。虽说拉长了,但实际上也只有 5 米左右的距离。

但是,对于孩子来说,这个距离似乎也很远。因此,如果在餐桌附近有足够的收纳空间,建议在这里设计孩子可以做次日外出准备的整理结构。

因为我家客厅内收纳位置较少,所以就在儿童房入口处设计了做次日外出准备的空间。有时②和③会反过来,即先脱掉外套之后再拿出脏衣物,不用拘泥于先后顺序,只要能一直做到步骤⑤就可以了。

④ 拿出联络簿、信件

把联络簿和从托儿所收到的信件,放进餐桌架子上 A4 大小的托盘。

⑤ 把要用的东西放进书包

把第二天要带的扣眼毛巾、要换的衣服、围裙等装进书包里。

把这些东西都收在同一个抽屉里。这样的话,就不用打开关上各种抽屉,用一个动作就能解决。衣物多的家庭,把衣服分开收

收纳位置符合孩子活动路线的状态

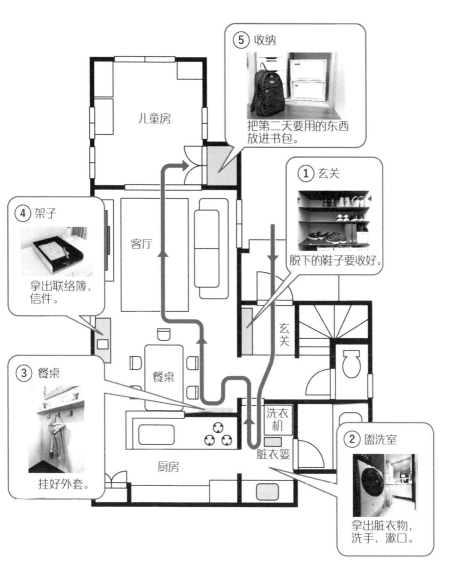

⑤ 收纳

把第二天要用的东西放进书包。

① 玄关

脱下的鞋子要收好。

④ 架子

拿出联络簿、信件。

③ 餐桌

挂好外套。

② 盥洗室

拿出脏衣物，洗手、漱口。

儿童房

客厅

玄关

餐桌

洗衣机

脏衣篓

厨房

163

盥洗室和挂衣钩组成的整理结构

把脏衣物拿出之后直接洗手、漱口。

把脏衣物放进脏衣篓。

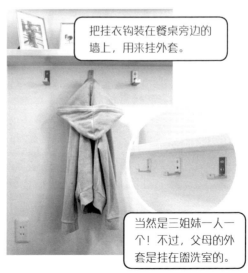

把挂衣钩装在餐桌旁边的墙上，用来挂外套。

当然是三姐妹一人一个！不过，父母的外套是挂在盥洗室的。

纳为"外出穿着"和"休息日穿着"会比较好。

在这里把第二天要带的东西装进书包，准备工作就做好了。到这里为止的流程，孩子全部都可以自己完成。

收纳老师家里的说话方式

对于孩子来说，不仅要有设计好的整理结构，父母每天的叮嘱也必不可少。每天的叮嘱不是说："快去收拾！"重点是用猜谜的形式来鼓励孩子做整理。

比如，在回家路上对孩子说："那么，问题来了——回家之后的第一件事是做什么呢？"

多给孩子一些提示，让孩子说出正确答案。

关键是要说些"好可惜啊！""唔！"等有趣、搞怪的话。因为有趣，所以孩子不会觉得麻烦，反而会开开心心地来收拾。因为感到开心，所以一下子就能收拾好，有时甚至还会觉得不尽兴。

收拾完毕后，如果还有时间的话，可以这样来问孩子。

"明天需要的东西都准备好了吗？"

"不要错把爸爸的内裤装进去了哦。"

"今天包里放的是哪个毛巾？是那条像布丁一样的毛巾，还是有星星图案的那条？"

在确认孩子已完成的工作时，不要用"真的做完了？"这种质问般的语气来问孩子。如果父母的问法，是显得想知道孩子放进去的是哪条可爱的毛巾，孩子也会很开心地回答父母的问题。

虽然可能有人会想："对我自己的孩子为什么还要这么小心翼

翼呢?"但如果怒火冲天地让孩子做整理,或者是用不信任、怀疑的语气质问孩子的话,就会打消孩子做整理的干劲。

明明孩子好不容易才有了干劲,但是如果父母担心、怀疑、催促的话就会起到反作用。要用有趣搞笑的方式向孩子提问,通过让孩子开心,来激发孩子自主做整理的动力。

父母也有因劳累、身体不适而无法从容应对的时候。这时就可以让有趣、搞笑的一面先休息,用一般的方式来跟孩子沟通。

不过,孩子会很容易因为父母有趣的说话方式而一下子充满干劲,所以父母也不必把用有趣的说话方式鼓励孩子当成一件勉强的事情,试着去尽情享受其中即可。

孩子需要的和父母想让
孩子做的是什么

孩子带去幼儿园、托儿所的东西是?

前一小节中大家看了我家的例子,应该对小孩子自己能够做整理的空间结构有一个印象了吧。

从这里开始,我会讲解如何来建立这种空间结构。

首先,反复回想孩子的生活习惯以及从保育机构(幼儿园、托儿所)收到的致家长信,试着把孩子要带去保育机构的东西都写出来。这样一来,就能清楚哪些东西需要集中收纳。

如果没有机构信件的话,参考下面的例了来回想一下。

- 扣眼毛巾
- 口杯、牙刷套装
- 餐具隔热垫
- 换洗衣物
- 尿不湿

- 联络簿
- 贴纸笔记本

把孩子要带去保育机构的东西写出来之后,再加上数量等更加详细的信息。

比如,2套换洗衣物,5个尿不湿等,孩子带去保育机构的东西大致是有数的。把所需物品的具体数量写下来,父母做收纳时就可以留下一个印象,清楚地知道什么东西大概要存放多少。

 ## 写下希望孩子做的事情

了解了孩子要拿的东西之后,等下次回家,就把希望孩子自己做什么都写下来。这时,即使觉得"我家孩子可能还不会做",也要先写下来。

- 收好鞋子
- 洗手、漱口
- 从书包里拿出信件
- 收拾好外套
- 收拾好书包

此外,从刚才写的那些要拿的东西当中,你也会联想到希望孩子自己去做的事是哪些吧。

比如以下这些事。

- 扣眼毛巾→换成新毛巾
- 联络簿　→放到桌上

- 脏衣服 →放入脏衣篓
- 换洗衣物→装入新衣物

我觉得在很多家庭中，都是父母在为孩子准备要带的东西，却不清楚该让孩子做些什么。虽然麻烦一点，但是写出来之后就会容易有一个具体的印象，所以大家一定要试试这个方法。

一旦像这样明确了孩子要带的东西和具体要做什么准备之后，就可以着手进行下一步的整理结构设计了。

另外，不要把孩子能做到的范围限定在"只能做到这些了"，要相信孩子的力量，让可能性延伸，尽量让孩子自己去做各种各样的尝试。

和孩子行动路线相吻合的
空间结构是？

📦 按照孩子的行动路线来考虑让他们做什么

像托儿所和幼儿园那样，以"行动路线"为基础，来设计孩子自己在家里也能动手做整理的空间结构。

为什么要以孩子的行动路线为基础来考虑呢？因为即便家里的活动路线很短，但是来回往复的收拾和做次日的准备工作，对于孩子来说是一个很大的负担。

即使是大人，有时也会不自觉地把袜子脱在客厅，所以如果不设计配合孩子行动路线的整理结构，孩子就没办法轻松做好整理工作。

在孩子从保育机构回来，一进家门的地方起，就开始依次考虑收纳路线吧。

① 把鞋摆好、收进鞋柜

一进玄关就应该脱鞋了吧。如果脱下来的鞋子都七零八落地散在地上，那么之后回家的人就不会有一个好心情了。让孩子把脱下来的鞋子摆好，或者是放入鞋柜，给孩子制定好规则，让孩子们自己动起来。

•规则是只要把鞋摆放整齐就可以了

如果规则是不用收进鞋柜，只要把鞋摆放整齐即可的话，就在放鞋子的地方贴上塑料胶带等标记，孩子看到标记就会想起规则，这样就确定了鞋子摆放的固定位置。

这和便利店收银台排队位置上贴的脚型贴、箭头标等引导贴纸起到类似的作用。

因为贴有胶带，"我要把鞋放在这里"的念头就会被触发，即使孩子没有很强烈的意识，也能将鞋子放在固定的位置。

•规则是把鞋收进鞋柜

有的家庭不喜欢把鞋子摆在玄关，所以每次都让孩子把鞋收进鞋柜，这样的家庭就需要设计出相应的收纳结构。

为孩子留出鞋柜里容易存取鞋子、低于孩子胸口位置的地方，然后在那里贴上标签。任何标签都可以，但如果是印有孩子名字和鞋子图案的标签，就会让孩子意识到"这里是属于我的地方"，所以我推荐大家使用这种标签标记。

如果告诉孩子"这里是专属于宝宝的地方哦"，很多孩子会为自己拥有专属的位置而感到高兴吧。

比起只把鞋子摆好，把鞋收进鞋柜稍微麻烦一点，而且养成这个习惯也要花更长的时间。因此，父母要温柔地反复跟孩子说"把鞋子收进宝宝自己的地方哦""收拾得真干净，玄关都变得清清爽爽了呢。谢谢宝贝！"积极地向孩子传达这种喜悦和感谢的心情，打开孩子充满干劲的开关。

② **拿出脏衣物等，洗手、漱口**

如果孩子能把在保育机构穿过的衣服、用过的毛巾等放进脏衣篓，之后清洗起来就会很方便。

一旦没有及时取出，把书包放在某个地方后，再取出脏衣物，拿去脏衣篓，就算是大人也会觉得很麻烦。

而且洗手之后再拿脏衣物的话，就必须得再洗一次手。

因此，孩子一进家门，就让他们拿着书包走到脏衣篓前，拿出脏衣物。洗衣机和盥洗室一般都离得很近，所以拿出脏衣物之后顺手再洗手、漱口的话，孩子的行动路线就很流畅，可以轻松地把拿出脏衣物、洗手、漱口的任务一条龙完成。

③ **收拾书包**

最后，孩子收拾书包的地方也要配合他们的行动路线来确定。这应该是最难的一部分了。

结合房间的平面布局以及平时孩子们在哪些地方活动来准备收纳位置，设计出相应的收纳结构。

放置书包最理想的位置，应该是行动路线上离玄关最近、父母能看到孩子的地方。这是因为离玄关越近，孩子越容易拿出书包，同时父母也能够督促孩子，让孩子出门时不会手忙脚乱。

但是也有很多人会觉得，在靠近玄关的地方很难收拾出一个放书包的位置。

放书包的位置选择因人而异，像我家的话，虽然客厅离玄关比较近，但是由于房间大小和收纳结构的原因，就不得不把这个地方设计在儿童房里。因此，就现实情况来说，我建议大家在可以在放孩子衣物、做次日外出准备工作的地方设计一个放书包的位置。

放书包的地方紧靠放衣服的地方

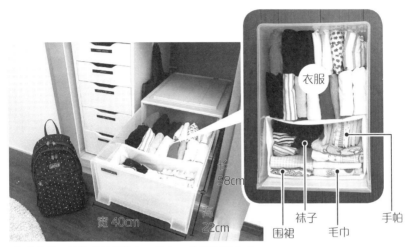

衣服

袜子　手帕
围裙　毛巾

长 58cm
宽 40cm　高 22cm

集中收纳，让次日外出准备工作在一个抽屉里完成。
重视"用一个动作解决"这一点，让孩子自己收拾好
第二天要带的东西。

因为离得很近，
所以轻松完成！

明天要带哪种花纹
的毛巾呢？

书包就挂在放衣服的抽屉旁边，
所以收拾起来不麻烦！

建议在父母容易看到孩子的地方给他们留出
整理空间。

• 为孩子自己来做准备工作而设计的收纳空间

为孩子准备一个收纳空间,用来放孩子的衣服、毛巾、尿不湿等出门要带的东西。

尺寸大小以能把这些东西都放进去为准,但我家的话是每人一个抽屉式的塑料盒,东西都放在里面。

• 衣物收纳

孩子衣服多的话,建议把衣服以"工作日穿着"和"节假日穿着"分类整理,这样,孩子就不会选出无法穿去幼儿园、托儿所的衣服,父母也不必操心了。

如果抽屉长度在 40～60 cm,又不太深的话,孩子把衣服拿出来、放进去都比较容易。

此外,收纳完成后,拉开抽屉就能从上面看到里面有什么,就容易选择要拿的东西,也省去了找东西的麻烦。

因此,我建议把抽屉内部划分好放 T 恤、裤子、裙子的地方,根据抽屉的宽度和高度叠好衣物,像下一页照片中那样竖着放进去。这样每次取出所需衣物的时候,其他衣物就不会塌下来了。

此外,如果孩子不满 2 岁,父母在帮他们整理衣服时,如果在 T 恤之间夹一条裤子叠起来,把上装和下装搭配成一套,孩子在做外出准备工作时就更轻松了(参考下一页的照片)。

• 毛巾、袜子的收纳

在放衣服的抽屉里放个小篮子,放入毛巾和袜子,以防搞混。如果不在放衣服的抽屉里收纳,而是收在另外的抽屉,就要打开关上各种各样的抽屉,所以最好都收进同一个抽屉里。如果有用一个动作就能收拾好的收纳结构,那么孩子的整理工作也就会变得

衣服的叠法和收纳方法

①

准备好搭配起来的上衣和裤子（或者是裙子）。

②

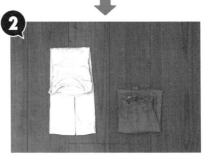

分别以相同的宽度叠好。这时，上衣的下摆部分不要叠，留出一定的长度。

③

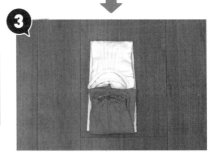

把裤子放在上衣下摆留出的位置上。

④

就像把裤子夹进去那样来折叠上衣。

⑤

完成！

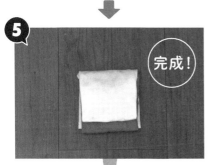

毛巾、袜子等

抽屉最前面的部分

抽屉

竖着放进去的话，孩子容易拿出来也容易放进去，而且能放进去的东西也更多。

很轻松。

我觉得如果孩子每天只带一条毛巾，那么准备三条左右就足够换着用了。如果毛巾买太多的话，清洗和整理起来都很麻烦，所以注意不要给孩子准备太多条。

• 放书包的地方

建议在墙上安装可以挂书包的那种挂钩。这样就可以把挂钩高度设定在适合孩子身高的位置。而且，因为很多托儿所和幼儿园也在墙上安装了挂书包的挂钩，所以容易让孩子养成习惯。

虽然也可以给孩子准备箱子和篮子，但这些东西容易积灰，打扫时也需要把箱子挪开。

现在，百元店里也卖那种无痕、承重量大的挂钩。考虑到书包里放了东西后的重量，最好买承重 2 kg 以上的挂钩。

• 纸尿裤的收纳

在孩子容易拿取的地方，把纸尿裤以 10 片为单位放入箱子或篮子备用。

有的保育机构要求孩子在纸尿裤上写上自己的名字，这时就把写有名字的纸尿裤放在近一些的位置，把没有写名字的纸尿裤放在远一些的位置。把写名字的笔和贴纸也一起放进去的话，之后孩子就可以轻松完成往纸尿裤上写名字这项工作。

• 放联络簿、信件的位置

有时，就算孩子把联络簿和信件直接递给父母，父母也不会当即就读。所以设计一个放联络簿和信件的地方，让孩子把这些放在固定的位置，这样就不会把信件弄丢或弄脏了。

这个位置最好是在放书包的位置附近或是餐桌附近，这符合孩子的行动路线，而且也在父母的日常视野范围内，可避免父母看漏。

如果有架子的话，建议用 A4 大小的书夹或文件夹做收纳。没有架子的话，可以利用墙面来准备一个挂墙收纳袋。而且，如果父母每天都要检查孩子体温并记在笔记本上，可以把体温计和笔一起放进去，父母做记录时就会十分方便。

如果放书包的地方在儿童房，但父母要在客厅看联络簿的话，把放联络簿的地方设在儿童屋就容易看漏，所以这个位置最好就设在客厅。

在孩子把第二天需要用的东西都准备好之后，父母要让孩子把联络簿和信都放到信件盒中。为了让孩子养成这个习惯，父母要记得叮嘱孩子："把信和联络簿都拿到这里来哦。"

我觉得放书包的位置和放信件的位置要是离得比较远，孩子就没办法自己养成这个习惯。所以，就算父母每天只跟孩子说一句："都准备好了的话，就把信和笔记都放进信件盒里哦。"孩子也会慢慢发生改变。

在管理信件时，我推荐大家用 cosoral 公司开发的软件 posly。把孩子带回家的信件用手机拍照记录，登录软件之后，无需管理上传文件和原文件，所有文件都可以及时删除，用起来十分方便。

放联络簿、信件的地方

如果把这个地方设在平时记笔记的餐桌附近，就不会轻易忘记记笔记。信件也放进这个托盘。

posly 我也推荐大家用这个APP来管理文件。

定好时间动起来!

📋 **把孩子做准备工作的时间定下来!**

　　根据孩子的行动路线来制定计划的话,孩子逐渐就会养成提前做次日外出准备的好习惯。为此,要先把孩子做准备工作的时间确定下来。

　　如果不明确决定"什么时候做"的话,孩子就很容易在行动上懈怠。如果将做准备工作变为一项有明确时间节点的固定程序,孩子做起来就不会再觉得是一种负担了。

　　次日外出的准备工作,建议让孩子在一回家之后就立刻去做。因为小孩子的话,一到睡觉前就容易进入"撒娇模式"。如果孩子在瞌睡时还必须要动起来的话,即使这项工作符合他的行动路线,也必须要费很大力气打开他的干劲开关,比起"一回家就行动",睡前行动会给孩子带来更大的心理负担。

　　可能有的家庭是让孩子在外出当天早上做准备工作,但早上要做的事很多,容易手忙脚乱,父母也有可能叮嘱不到位,所以尽量让孩子在前一天就做好次日外出的准备工作。

"魔法一样的说话方式"让孩子养成习惯

虽然给孩子建立起了行动机制,但最开始的时候大部分孩子都无法自觉行动。为了让孩子养成习惯,父母每天都要特别注意,用"像魔法一样的说话方式",让孩子的干劲迸发出来。

魔法一样的说话方式不是:"快去准备明天出门要用的东西!"而是父母说的话要把次日外出的准备工作本身变得有趣起来。

比如,在孩子从幼儿园或托儿所回家的路上,以猜谜的形式让他们回想一下要为第二天出门做好哪些准备工作。

"那么问题来啦——回家之后的第一件事是做什么来着?"

像这样督促孩子自己思考做什么、怎么做,让孩子自己回想起来。多给出一些线索,如果孩子能答对的话,他们做准备工作的积极性就会提高。

难以频繁地督促孩子时

如果父母不能在目之所及的地方提醒孩子:"毛巾准备好了吗?""衣服收进去了吗?"……给孩子准备一个"准备工作小黑板"也不失为一种方法。

把前文列出的"要带的东西"和"要做的事情"都在小黑板上标记好,要让孩子一看就觉得自己都能完成。这样就不用一一柔声细语地叮嘱孩子,只要跟孩子说一句"看着小黑板来做准备工作哦"就可以了。

用吸铁石等做标记,哪些是做完的、哪些是没做完的都一目了然,孩子也能获得一种小小的成就感。

父母一定要多多尝试,找到适合自己和孩子的整理方式。

准备工作小黑板示例

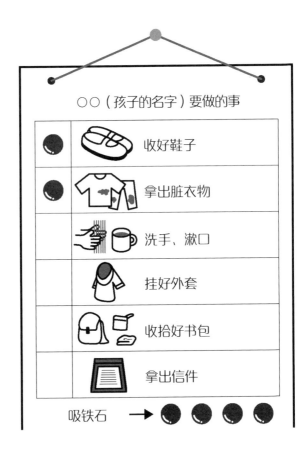

○○（孩子的名字）要做的事

●	👟	收好鞋子
●	👕	拿出脏衣物
	✋🥛	洗手、漱口
	👕	挂好外套
	🎒	收拾好书包
	📄	拿出信件

吸铁石 ➡ ● ● ● ●

收纳老师有话说

防止孩子乱扔乱放外套的方法

大家可能都会有这样的经历：从外面回来之后首先脱掉外套，随手放在地板、沙发、客厅的椅子上。不仅孩子会这样，大人经常也会这样把外套随手一放。

可能你会想："明明有衣柜，为什么不放在衣柜里呢？"但衣柜不在孩子回家之后的行动路线上，而且离得也比较远，整理起来难度较大。

收拾起来比较方便的外套放置处，当属玄关和孩子回家之后最先会进入的房间入口处（详细内容在第五章第 1 节有介绍）。

不能改造玄关和最先进入的房间墙壁？最近流行好看又不会破坏墙壁的无痕挂钩，如果把这种挂钩装在孩子的平视视线到头顶高度之间的位置，就能防止孩子乱扔乱放外套了。

如果你想使用落地衣架，那么，只在回家之后最先进入的房间门口放好衣架是不够的。把外套挂在衣架上，对于小孩子来说难度较高。小孩子轻易就能做到的仅仅是"把衣服挂上去"。把 S 形的挂钩挂在衣架上，让孩子只把经常穿的外套挂在挂钩上即可，这样小孩子做起来也会很容易。

不过，我不太建议让孩子用落地衣架。因为衣架挂杆上有很多挂钩，那些不怎么穿的衣服可能也都会挂在上面，一不小心就会弄得乱糟糟，地板打扫起来也不方便。

利用不占据地面空间的墙壁挂钩以及墙面衣架，注意孩子的行动路线，通过"只要挂上去即可"的收纳方式，就可以防止孩子乱扔乱放外套啦。

第六章

这种情况怎么办？
收纳老师告诉你！

孩子无论怎样都学不会 做整理

> 虽然尝试了各种各样的收纳方法，但我家的孩子却怎么都学不会做整理……

 再次抛开刻板印象，重新考虑收纳的位置。

父母经常会跟孩子说"必须得这样做""必须要按这样来"这种话。但是，做整理这件事，没有"一定要怎样做"的规定。

原本"必须得这样做"的想法就是从周围人怎么想、大多数人怎么做的视角出发得来的。

在自己家里，不需要参考别人的意见。最好的状态就是居住其中的人能舒适地生活。每个人的生活方式、行动路线、癖好和习惯都不一样，所以没必要去迎合大众的看法。我们需要去迎合的是自己家里每位家庭成员的生活方式。配合每个人的生活方式去整理收纳的话，孩子就知道如何做整理了。

我给大家介绍两种在我家践行的"抛开刻板印象收纳法"。

例1 "牙刷套装放在盥洗室"→"放在客厅附近"

我家的家庭成员一直都是在客厅优哉游哉地刷牙。因此，如果能尽量在靠近客厅的地方完成刷牙漱口等一系列动作，孩子就不再会觉得刷牙是件麻烦事了。

在我家，厨房比盥洗室离客厅更近。因此，我把从百元店买到的牙刷立着用吸盘贴在了厨房的微波炉侧面。全家人的牙刷都放在了这里，附近还放了孩子自己能够放进拿出的脚凳，所以孩子能站在脚凳上刷牙之后再在水槽洗手。即便只是把路线缩短了不起眼的一段距离，也能把刷牙这件事从麻烦变为轻松，让孩子不需父母提醒也能主动刷牙。

也许有人会担心：在厨房漱口的话，牙膏沫会不会飞得到处都是？没关系，牙膏沫洒落时立刻冲洗就可以了，水冲不掉时，用海绵轻轻一擦，污渍就会消失。

这和把牙刷放在盥洗室其实是一样的。我觉得最好选出便于行动的收纳位置，让生活更便利。

例2 "衣服收进衣柜"→"在客厅放上衣架"

不要机械地认为衣服就要收进衣柜，要结合孩子的性格、生活中的行动路线来决定收纳位置，这样就能防止孩子乱扔乱放衣服了。

如果觉得把衣服收进衣柜不方便，那你可以回想一下日常生活中换衣服的时间和地点，然后在换衣服的地方附近做收纳，这样就能让生活更便利。

伊东家的牙刷放置处

把牙刷放在一个不会让孩子觉得刷牙麻烦的固定位置。

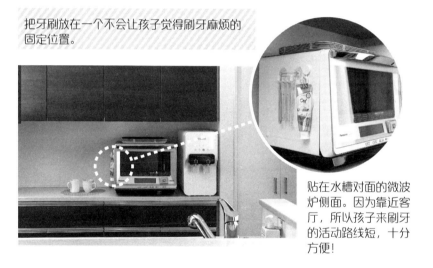

贴在水槽对面的微波炉侧面。因为靠近客厅，所以孩子来刷牙的活动路线短，十分方便！

比如，在客厅脱衣服的话，就在客厅内或是在尽可能离客厅近的地方放一个落地衣架，这样就会很方便。

还有一种收纳方法是，如果落地衣架比较小，不能放下所有衣服，那就只放一些经常穿的。

衣柜里可以放一些平时不常穿的衣服，或是经常在衣柜所在的房间里用的东西，如果不常去放有衣柜的房间，也可以把这个房间当作储藏室来用。

此外，壁柜可以当作孩子的桌子，或是当作卧室的收纳空间，低一点的收纳空间可以当作孩子的乐园基地等，抛开刻板印象的话，就有很多地方都能变为便于收纳、让孩子能够快乐玩耍的空间。

不要觉得"必须得这么来"，而是要想想"怎么才能做好整理""在这个房间里要做什么"，然后再逐一解决，这才是能让家人方便地完成收纳的一条捷径。

观察家人有什么癖好和习惯，再试着制定对策。

恼火孩子不会做整理

> 孩子不会做整理的话，一不小心就会怒火冲天。
> 想改变自己这种心态。

试着把做整理的标准从"大人的标准"降到"孩子的标准"。

以前我也老是对孩子说："快点收拾好！"

我好不容易才收拾好，怎么一下子又全乱了呢？

为什么我一而再再而三地跟孩子说"快去收拾"，孩子就是不付诸行动呢？

明明给孩子设计了便于他们做整理的收纳结构，为什么他们就是不会整理呢？

老这么想的话，我就会觉得很难过，就会觉得烦躁不安，不知不觉就会对孩子说出一些语气强硬的话。

但，这些全都是因为我把大人的标准强加给了孩子。

这些情况往往发生在父母想做整理的时候，这时父母就不希望孩子把房间弄得乱七八糟的。

孩子想玩，而父母想让孩子收拾，所以父母就会一遍一遍地对孩子说"快收拾好"。

或是不和孩子商量，就以父母的视角设计了便于自己做整理的收纳结构，再让孩子去做整理。

- 要迁就父母的时间；

- 要迎合父母的心情；

- 收纳结构是以父母的视角设计的。

孩子不去做整理的理由可能就是这几点了。

我们做父母的最容易忽略的，就是孩子不去做整理时的心理活动。

孩子自己可能会想"我才刚开始玩呢""玩得正尽兴呢""还差一点儿就做完了呢""我刚想开始做"等等。如果不考虑这些就让孩子去收拾的话，孩子不仅不会行动起来，还会对整理产生一种抵触心理。

而且，大前提是不能对孩子要求完美。

我对孩子的期望也很高，总希望孩子收拾得"能比现在更好"。对孩子的期望越高，就越在意孩子的言行举止。

每个人，包括孩子，都有自己的规则、价值观、想法、期待值。一旦孩子脱离父母设想的框架，就会打开父母焦躁的开关。能关闭这个开关的不是孩子，而是父母自己。

快要生气时，就采取以下这些对策吧。

• 移步别处

父母离开"事发地"，一个人去洗手间或别的地方。做深呼吸稳定情绪之后，再来和孩子谈。这样的话就能避免感情用事，能够冷静地和孩子沟通。

• 心中默念

话说出口之前，先在心里跟自己说"孩子这样做应该是有什么原因""总会有办法的"，回归理智。

这样的话，激动的情绪就会平静下来，就能理智地和孩子进行对话了。

• 设定目标

给自己设定一个"只做到今天一天不生气"的目标。做到一天不生气后，再慢慢试着增加天数。

如果你有发脾气的习惯，那么你可能不经意间就会发火，不能完全控制自己的情绪。所以要意识到这一点，让自己保持冷静和孩子进行对话。

和孩子缔结"约定"：只在父母和孩子双方都冷静的时候一起做整理。

如果和孩子说"妈妈会遵守和宝宝的约定，所以宝宝也要遵守我们的约定哦"，孩子会接受的。

如果孩子不接受约定，也不愿意说话，父母要想到也许孩子不是因为做整理，而是在为其他的事情闹别扭，所以抽个时间和孩子谈谈也许会比较好。

做好啦！

真棒！

不知不觉中父母就开始替孩子做整理

孩子不去做整理,父母总是在替孩子收拾。

 不要一言不发大包大揽,和孩子商量一起收拾。

说了好几次孩子也不收拾。

父母一看到放在外面的那些东西就忍不住要收拾。

因为孩子说"妈妈你收拾一下",所以就都收拾了。

……

我经常听到父母因为种种原因,不知不觉中自己就把所有整理工作都做完了。父母每天都为生活忙忙碌碌,比起一次又一次跟孩子说"快去收拾"但孩子还是没有行动来说,父母自己收拾起来反而更快,这种心情我完全可以理解。

父母来收拾,本身并不是坏事。

但是,收拾的原因很重要。

如果是因为跟孩子说了好几遍,孩子也无动于衷,所以没办法只能父母来收拾的话,孩子就会觉得"妈妈帮我做整理了,那我就不用做了"。

说到底,父母来收拾的原因必须得是:"为了让孩子养成做整理的好习惯,所以父母也一起跟着收拾。"

这两者的区别就在于,孩子是否在认真地看父母在做整理时的样子。

不能让孩子觉得:"妈妈给我整理好了,真走运。"而是要让孩子觉得:"妈妈和我'一起'做完了整理。"

这其中很关键的一点,是孩子亲身体验到了和父母一起把家里收拾干净后的成就感,也体会到了做整理是多么让人心情舒畅。

首先,父母在收拾孩子的东西时,不要一言不发随便收拾两下。

如果孩子在父母开始收拾后,还是无动于衷不来做整理的话,就"推波助澜"地给孩子提议:"我们一起把房间打扫干净,然后在整洁舒适的房间里读绘本吧? 如果早点结束的话,也许能读上两本哦。"

接下来,父母和孩子一起整理好房间之后,要把这份喜悦和成就感用语言传达给孩子。

"真干净呀! 整理得不错嘛。现在收拾得真是越来越好了,妈妈为你高兴。"

"真棒! 收拾得真好,现在自己一个人也能完成整理工作了!"

"下次妈妈也要像宝宝一样，把妈妈自己用过的灶台之类的都收拾干净！"

像这样，积极地把孩子做得好的地方用语言表达出来。

此外，父母和孩子开心地做整理，还能够改变孩子对整理的抵触心理，把对整理的印象变为："下次说不定能自己一个人收拾好""整理好之后想要得到表扬""整理好之后想让妈妈开心"……

这样一来，孩子渐渐就会萌生出"我想试着自己来做整理"的念头。即使父母觉得"自己收拾起来比较快"，但最好还是和孩子一起收拾，给孩子创造一个能够积极思考做整理的机会。

为了将来再用，所以 想把玩具留下来

儿童用品太多的话会让人很烦恼。但是为了之后出生的孩子，我想把这些都留下来。

A 建议不要把所有东西都留下来，而是留一些严格挑选之后保存下来的东西。

这些都是常见的问题。

对于一些漂亮的、孩子还没怎么玩过的玩具，父母总会觉得"如果再有一个孩子的话，也许还能用上"，因此舍不得扔。

这样的话，不用把所有玩具都留下，留一些经过严格挑选后的玩具就可以了。

首先，暂定一个空间，可以容纳两个孩子的玩具。然后，确保第一个孩子的房间里暂时都能放下他的玩具。

加上第一个孩子的玩具，再想好第二个孩子的玩具放在哪，这样自然而然地就可以想到需要保留多少玩具了。

确定自己优先选择的方针，只留下经过严格挑选的玩具。

比如，优先选出孩子可以聚精会神玩很久的玩具，孩子喜欢的玩具以及衣服等。

如果想把所有玩具都留下来，还有一个方法就是，减少杂物和大人的衣物以留出足够收纳的空间。

考虑好自己想要怎么做，什么要优先做，用一种自己能够接受的方法严格挑选出要留下的玩具。

整理收纳
Q&A
Q5

现在的收纳空间再放不下
别的东西了

现在的东西多得放不下时，就一定要再买更多的
收纳架之类的来放吗？

在你要买收纳架之前，先给自己一个思考的机会。

很多人认为，因为东西多得放不下了，所以要买更多的收纳架
来放。但如果每次因为这样就买了架子，房间就会变小，东西也会
越来越多。

在进行整理收纳之前，看看现在的东西和放不下的东西，先想
想下面两个问题。

• 放不下的是什么东西？

• 现在放不下的东西，全都是在这个房间里会用到的
东西吗？

如果是在客厅做收纳的话，就以"是否会在客厅使用"为判断标准，对物品进行区分。

这样一区分的话，就会意想不到地发现很多用不上的东西。这样就可以把不用的东西挪出去，在要用到它们的地方重新进行收纳整理，如此就能确保收纳空间够用了。

如果确定是"要在这个房间使用"的东西，就把它放到方便使用、易于拿取的位置。到这一步我们才会知道哪些收纳是真的需要做的。如果还是有一些想用的东西放不下的话，就再根据这个东西的大小、形状、使用方法来买相应的收纳架。

整理收纳
Q&A
Q6

对扔东西有抵触情绪

父母和孩子都不想轻易扔掉东西。如何才能做好整理呢?

 首先,暂时丢掉"必须舍弃"的想法。

很多人脑子里只想着"做整理就要把一些东西扔掉",所以会因为害怕扔东西而不敢把"整理"付诸行动。

首先,不扔也没关系。

除了"扔掉"之外,还有一种方法是"转移"。

按照顺序来做的话,先把要整理的那个房间的东西全都拿出来,分为"用"和"不用"两类。这就和本书第三章"步骤②"介绍的方法一样。

前面说过,可以把"不用"的东西处理掉或者是送给需要的人,但如果对此有抵触情绪的话,只需要把这些东西"移出便于存取的地方"就可以了。

比如，如果想要整理孩子放在客厅里的东西，就以"孩子在客厅里用不用"为标准来区分。

然后，下一步就是把分为"不用"的这类东西挪到其他房间里。

不需要把东西扔掉。先分类，再把它们进行转移。按部就班，像把抽屉一层层收拾好一样，从小到大，积累成功的经验。

这样的话，孩子就会喜欢上做整理，会觉得做整理使人心情舒畅，慢慢地想法也会发生变化。

可能也有人会觉得："仅仅是把东西移走了的话，不算是做整理吧。"但是请放心。从小的地方一点点获得整理成功的经验，再把一个房间都收拾干净之后，就会意识到把东西都挪到另一个房间的话，后面的房间里东西就堆得太多了。

于是，我们就会开始意识到"不用的东西没必要保留"，这样的话就能没有心理负担地处理这些东西了。

仔细一想的话，可能每个房间里都有用不上的东西。一旦注意到这类东西，将其处理掉就好了。

比起不敢扔东西、原地踏步来说，大家可以先选择转移东西这个方法，把房间挨个整理干净，切切实实地感受舒适的生活环境。

想让孩子在没有父母帮助的
情况下自己做整理

> 我想让孩子自己做整理。父母应该帮孩子到几
> 岁呢?

建议在孩子 1 岁时,给孩子设计相应的收纳结构并和
孩子一起做整理,孩子在 2 岁之后就采用口头督促并
偶尔帮助孩子的形式来做整理。

· **孩子在 1 岁时**

首先,设计适合孩子做整理的收纳结构。然后,找准时间和孩
子一起收拾。把孩子做得好的地方用语言表达出来,跟孩子说"收
拾得真干净!""收拾得真好"等等。通过不断的积累,到孩子 1 岁
半左右,配合父母口头督促的话,孩子逐渐就能自己一个人做整

理了。

比如,孩子慢慢会自己把积木放进收纳盒,再把收纳盒搬到架子上去(不过要注意,收纳盒的大小、重量孩子是否拿得了)。

• 孩子 2 岁之后时

如果孩子 1 岁之后能养成收纳习惯的话,就可以像前面介绍的那样,通过父母口头督促让孩子自己去做整理。

但是,孩子和大人一样,也有提不起干劲和想撒娇的时候。而且,也有孩子之前都收拾得很好,但是却突然之间变得对整理很反感、情绪出现波动这种情况。

房间脏乱是内心状态混乱的外在体现,所以不建议父母强行要求孩子"必须要收拾好"。

这种时候,可以观察孩子的情况,如果多和孩子进行一些肌肤接触,留出和孩子一起相处的时间,孩子的心情也会重新振作起来,从而有力量再去做整理。

不要说:"你已经 2 岁了,我绝对不会再帮你了!"而要和孩子说:"我知道你每次都收拾得很好。今天是不是累了呀?我来帮你哦。"之后再帮孩子收拾。

大人在没有时间或者还未习惯这种说话方式之前,可能会不太好意思用这种略为夸张的语气夸奖或询问孩子,甚至会直接忘记。

如果不小心强硬地跟孩子说出"快去收拾"这句话,就在这句话之后再做一些补充。

"快送玩具回家吧。"

"快把这些放得到处都是的玩具都找出来吧。"

这样一来,父母能养成口头督促孩子的习惯,孩子自己也能积极地去做整理。

这不是命令孩子,而是为了让孩子主动去做,父母便从玩具的角度出发去跟孩子交流。而且如果父母能把整理这件事用令人愉悦的话语说出来,孩子就不会再讨厌做整理了。

收纳这样教
一步教出会收纳的自律孩子

想知道除了把东西"扔掉"之外
还有什么处理方法

> 对于"不用"的这些东西,除了"扔掉"之外还有其他的处理方法吗?

 如果东西还能用的话,有以下 5 种处理方法。

5 种方法如下所示。

① 把东西挪到别处。

② 送给用得到的人。

③ 让旧货市场收购。

④ 卖到跳蚤市场。

⑤ 灵活运用跳蚤市场类的 APP。

那么,我们逐条来看。

① 把东西挪到别处

像前面提到的,因对扔东西有负罪感而做不好整理的人,可以试着先把东西"挪走"。

首先,从待的时间最长的客厅开始,把不用的东西都挪到别的房间。

这样的话,就可以体会到客厅被收拾整洁之后的成就感,从而萌生出想要把房间整理得更加干净的想法。

把东西"挪走"相对于把东西"扔掉"来说难度更低,不擅长做整理的人一开始可以试试这个方法。

② 送给用得到的人

如果玩具完好无损的话,送给他人也是一个很好的选择。

这种情况下需要注意的是,"不能勉强对方"。如果对方也用不上的话,强行赠送只会让对方家里无用的东西增多。

具体来说,在送给对方之前,最好给对方留出拒绝的余地,可以跟对方说:"用不上的话请不要勉强,直接跟我说哦。"

虽说是把东西送给别人,但有人原本就很讨厌旧东西。自己很难判断对方是否讨厌旧物,所以可以询问对方"如果你不嫌弃这些旧衣服的话,要不要拿去"等。

此外,在把东西拿给对方时,可以让对方挑选:"如果有你能看得上的东西的话,你就拿走吧!"在拿给对方之后,告诉对方:"如果你用不上的话,就直接处理掉。"这样对方也能以轻松的心情接受这些物品。

③ 让旧货市场收购

如果把这些东西拿到旧货市场的话，可回收的东西能换成钱，不可回收的东西也能在店里处理掉。

可以在网上查一查附近有没有旧货市场，或是和朋友商量一下，说不定就会得到一些有用的消息。

比起自己卖掉这些东西，把它们都拿到店里反而能更快、更方便地处理掉。

最近，也有一些店是用快递来进行收购的，卖家只需把闲置物品装在箱子里再寄送过去就能处理完毕了，所以十分方便。

④ 卖到跳蚤市场

跳蚤市场有两种：地区主办的免费摊位，企业主办的收费摊位。首先，咨询地区的政府机关，预定好跳蚤市场免费摊位。

好多地方的跳蚤市场可以和孩子一起参加，所以可以让孩子来体验卖东西。有很多孩子都喜欢当店长，也许孩子会很乐意来帮忙。还有一种方法就是以这次跳蚤市场为契机，和孩子约好，把这些用不上的东西当成还能用的东西卖出去，用挣来的钱让孩子买他们用得上的东西。

⑤ 灵活运用跳蚤市场类的 APP

当今时代有很多非常方便的"跳蚤市场 APP"。比如 mercari、rakuma、jmty 等等，选用一款适合自己的 APP 也是种好方法。

我以前经常在地区举办的跳蚤市场上摆摊卖闲置物品。但由于摆摊费时费力，而且在跳蚤市场举办之前还会有存放这些物品的压力，所以我就开始使用 merukari 这款 APP 了。没有麻烦的手续,能直接展示产品,十分方便。它最大的闪光点就是可以匿名交易,不用担心个人信息会被陌生人知道。

我的孩子们现在已经会选出各自"不用的东西",拜托我在跳蚤市场 APP 上售卖了。这也是因为做整理而创造的一个机会,所以我建议大家试试这个方法。

便利的跳蚤市场 APP

mercari

运营商：mercari股份有限公司
配备特有的配送方式和24小时客
服热线等服务。

rakuma

运营商：乐天集团
销售手续费低，且致力于交易安
全性。

Jmty

运营商：jmty股份有限公司
以"本地人互帮互助"为基本服
务宗旨。

夫妻双方最好一起
教孩子做整理

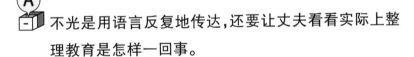
我已经意识到不能骂孩子,但丈夫还是会斥责孩子说"快去收拾"。

Ⓐ
不光是用语言反复地传达,还要让丈夫看看实际上整理教育是怎样一回事。

我也有同样的经历。比起对孩子进行整理教育(比起和单纯坦率的孩子沟通)来说,可能对大人(丈夫)进行整理教育反而更难。

整理教育只让妈妈来做或只让爸爸来做都很难获得成功。双方必须要合作。

如果爸爸生气地跟孩子说"快去收拾",那么妈妈就在孩子不在身边时或者是睡前,试着和爸爸说说以下这些话。

- 孩子不久前还在练习着自己一个人做整理。
- 孩子做整理不是让父母生气的。
- 要培养孩子拥有一颗能够理解他人的善良之心。
- 要让孩子成为一个不因做整理而烦恼的大人。

并且，自己意识到这些问题之后，就每天都跟丈夫说，告诉丈夫：我们都要压制住突如其来的怒火，所以必须要共同协作。

我也多次跟丈夫说过，甚至像是对孩子说话似的，跟丈夫说："爸爸也要这样跟孩子说话哦。"

在这样做的过程中，不知从什么时候开始，我能够看到丈夫对孩子说"玩具的家在哪里呢"的身影了，我很激动。

改变一个人的癖好和习惯很难，一个大人突然要改掉几十年来形成的习惯更是难上加难。基于这一点，我们要试着用长远的眼光，抽出些时间持续地向丈夫传达这些观念。

此外，还有一些丈夫对孩子发火时比较推荐的应对方法。

如果爸爸跟孩子说："真脏啊。快收拾好！"妈妈马上就可以笑着看看爸爸，然后跟孩子说："是不是爸爸踩到玩具了？因为怕玩具痛所以才生气的。"

像这样用一种袒护爸爸的说法，能够安抚爸爸的焦躁和孩子的不安。

注意，要避免在孩子面前不留情面地责怪爸爸。

"我想爸爸一定是累了，想在干净的房间好好休息一下。""爸爸你快看！宝宝总是收拾得很整洁。""宝宝和妈妈来比赛做整理吧！那么，让我们来看看谁做得更快吧？"……我建议大家用这种能够转换孩子心情开关的说话方式来激励孩子做整理。

读（者）福（利）！

收纳儿歌《玩具的感受》

一到孩子做整理的时间，如果父母每次都要对孩子说"去做整理吧"，这对父母来说也不容易。所以，为了能够让幼儿时期的孩子考虑到玩具的感受，意识到自己玩完玩具后要再收拾好，我创作了这首收纳儿歌《玩具的感受》。

大家可以在孩子做整理的时间点用这首歌代替口头提醒，就像学校铃声那样，把它当成"做整理的信号"。

玩具的感受

作词："收纳老师®"伊东裕美

作曲：naoyuki(acceptall)

> 谢谢你每天和我玩
> 和你玩我很开心
> 很快乐
> 就连时间都忘记了
> 你和我手牵手
> 过家家
> 给我换上漂亮衣服
> 我很幸福
> 谢谢你
>
> 但是
> 玩耍过后我总是一个人
> 总是一个人待在房间的小角落
> 我很难过
> 你也发现了
> 我怕落下的灰

我怕夜晚的黑

我怕自己一个人

我每天都很害怕

每天都想回家

谢谢你每天和我玩

我想向最爱的你

传达我的感受

我最爱你

我也想回家

想让你把我送回家

然后再和你玩耍

和你一直玩下去

  在歌曲中，主角小熊玩偶代表着所有玩具，传达着玩具的感受。听着这首歌，那些以自我为中心、觉得"我喜欢，我开心，所以玩玩具"的孩子，会想到要了解玩具和制造玩具的人的想法，会意识到要珍惜玩具。我相信，最后一定会培养出孩子的一颗爱人爱物之心。

谢谢你每天和我玩和你玩我很开心很快乐时间一下就过去你和我手牵手过家家为我换上漂亮衣服我很幸福谢谢你可是可是玩耍过后我总是一个人总是一个人待在房间的角落我很难过你也发现了我怕落下的灰我怕夜晚的黑我怕自己一个人

结　语

感谢各位读者能够读到最后。如果大家在本书中找到了适合自己孩子和适合自家行动路线的收纳方法，我深表荣幸。

当我们心情郁闷、理不清头绪以及不知道怎么办时，做整理可以把房间收拾干净，使心灵得到净化。

父母和孩子可以先从儿童房抽屉等小的地方一个个来，慢慢积累整理成功的经验。同时也要多和孩子一起体会"做到了"的喜悦之情。

我们不必和他人做比较。做整理的目的，是营造一个让你和你的孩子、你的家人感到舒适的生活环境。

而且，我觉得这样的环境才是最好的家、最幸福的家。

最后，感谢协助我出版这本书的 Okataduke&Co 的客户，编辑此书且跟我进行商谈的板谷希美女士，以及一直支持我的家人。

　　　　　　　　　　　　　　　　收纳老师　伊东裕美

关注日本　研究日本

卢明明

打开世界地图,在中国的东北方向有个由一连串大小迥异的岛屿构成的国家,它既是我们两千余载的近邻,又是一百来年的宿敌。

一、中国如何看日本

倘若有兴趣上网搜索一下古今中外要人对日本的评价,会发现如下信息:

> 大清康熙皇帝曰:"倭子国,最是反复无常之国。其人,甚卑贱,不知世上有恩谊,只一味慑于武威……"
>
> 法国孟德斯鸠云:"日本人的性格是非常变态的。在欧洲人看来,日本是一个血腥变态、嗜杀成性的民族。日本人顽固不化、任性作为、刚愎自用、愚昧无知,对上级奴颜婢膝,对下级凶狠残暴。日本人动不动就杀人,动不动就自杀。不把自

己的生命放在心上，更不把别人的生命放在心上。所以，日本充满了混乱和仇杀。"

法国戴高乐总统谓："日本，这是一个阴险与狡诈的残忍民族。这个民族非常势利，其疯狂嗜血程度类似于欧洲中世纪的吸血鬼德库拉，你一旦被他看到弱点，喉管立即会被咬破，毫无生还可能。"

美国富兰克林·罗斯福总统称："日本民族是有史以来我见过的最卑鄙、最无耻的民族。"

巨富约翰·D·洛克菲勒说："日本人除了复制别国科技外一事无成，它何曾独立为世界文明作过贡献？充其量只是个工匠型的二流民族而已。"

据日本《朝日新闻》2016年5月3日报道，公益财团法人新闻通信调查会对外公布其在美国、中国、韩国、英国、法国及泰国共6个国家所实施的"有关日本媒体舆论调查"，结果显示，中国受访者对日本的负面和正面看法分别为90％和5％。

每逢"九一八""七七"等中国的国耻日、纪念日，以及中日两国因钓鱼岛问题勾起纠纷时，大批中国民众会异常激愤地在网上对日本口诛笔伐。

不言而喻，中国人民在与日本的战火中备受戕害。战后，中日两国在20世纪70年代恢复邦交后，曾一度建立起相当密切的交往合作关系。遗憾的是，两国关系近年来发生逆转，持续低迷。

从我们的历史记忆和现实视野中，对于这个国土窄小但具有能量的国家，似应注意到这样两个侧面：

一面，因为与清、俄两回格斗，自战胜而狂，悍然撕咬亚洲各国，并在整个世界恣肆掀动腥风血雨，四邻皆成深仇大恨。

一面，由于吞虎吞象，一朝摧折，缘战败而强，决然革新体制结构，激励全体国民迅捷复兴社会经济，一跃而为经济强国。

对于日本这个中国长久的近邻和曾经的宿敌，我们理应格外关注和深入研究。要注意的是，日本绝不是能用唾沫淹之的"蕞尔小国"。

知己知彼不仅是战场、商场斗争的必要条件，也是人际、国际交往的基本前提。事实上，迄今为止，我们对这个国家的认知，似可以一言蔽之：眼中茫昧，梦里依稀。

众所周知，中国知有日本乃始于《山海经》，以后历代正史大多设有日本传记；至明清，叙述稍详。但所有这些著录，都不免停滞在浅表层面。恰如陈舜臣先生所言："过去中国人了解日本，主要是从旅行者、九州古代政权的使者等那里听来的，不论是关于理论还是关于现实，都是很遥远、很朴素的传闻。"

直至近现代，自黄遵宪的《日本国志》、戴季陶的《日本论》、王芸生的《六十年来中国与日本》、蒋百里的《日本人：一个外国人的研究》等寥若晨星的专著问世，才开始改变中国人对日本"知其一不知其二，见其外不识其内"的粗略认知。

作为戊戌变法重要参与者的黄遵宪，堪称高度关注、系统研究日本的中华第一人。他就任驻日参赞官期间，亲见明治维新通过一系列制度改革而致日本神速富强的事实，"乃信其改从西法，革故取新，卓然能自树立"。因此，黄遵宪花费八九年时间，精心编写了以介绍制度为主的《日本国志》，以"质之当世士夫之留心时务者",纠正国人对日本的模糊观感。

他所写的《日本国志》共 40 卷、50 余万字,分"国统""邻交""天文""地理""职官""食货""兵""刑法""学术""礼俗""物产""工艺"等十二志,书中对明治维新的相关内容记述颇详。全书除"国统""职官""邻交""学术"等志略述古代内容外,其余八志全部记载明治维新历史。书中以"外史氏日"的方式来阐述黄遵宪自己对这场变革的研判,且推及中国。

但因清廷高层颟顸,黄遵宪《日本国志》一书的出版搁置十年之久,迨至甲午战败才得以问世。梁启超因之甚为痛惜,认为倘《日本国志》能及时出版,就不至"令中国人寡知日本,不鉴,不备,不患,不悚,以至今日也"。

此书甫一出版,洛阳纸贵,广受热捧,在戊戌变法时期对光绪皇帝及朝野维新人士影响甚巨,一时间引发了学习日本的思潮;不少人甚至倡言聘用伊藤博文担任朝廷改革顾问,贵州举人傅斅干脆奏请"留伊藤为相,以行新政"。

后来,尽管发生了戊戌政变,以慈禧为核心的清朝统治集团对于明治维新的兴致却不稍衰减。1905 年,为缓解统治危机,清廷想效仿君主立宪,派出两个高级代表团,分别前往欧美和日本等国考察政治,立宪派重要代表、镇国公爱新觉罗·载泽率团亲赴日本考察立宪制度。直到清朝结束统治,这波高潮才渐消退。

十几年后,留学、旅居日本多年的戴季陶"鉴于中国人对于日本,总抱着一个'我们是文化的先进国'的历史心理","对于日本的社会,观察错误和判断错误,很普遍的"。他警醒国人:"你们试跑到日本书店里去看,日本所做关于中国的书籍有多少? 哲学、文学、艺术、政治、经济、社会、地理、历史各种方面，分门别类的，有几千种。每一个月杂志上所登载讲'中国问题'的文章，有几百篇。参谋部、陆军省、海军军令部、海军省、农商务省、外务省、各团体各公司派来中国长驻调查或是旅行视察的人员，每年有几千个。单是近年出版的中国丛书，每册在五百页以上，每部在十册以上的，总有好几种；一千页以上的大著，也有百余卷。'中国'这个题目，日本人也不晓得放在解剖台上解剖了几千百次，装在试验管里化验了几千百次。"他嗟吁："我们中国人却只是一味地排斥反对，再不肯做研究工夫。"戴季陶为此奋笔撰成《日本论》，从宏观角度揭示日本的文化传统与社会性格，并从具体的神学理论、军政大佬个性、外交关系事件等微观角度进行剖析。

1937 年 8 月，民国时期著名军事学家蒋百里撰写了《日本人：一个外国人的研究》，严厉批判日本民族是"一个原来缺少内省能力、缺少临时应用能力的急性的民族"，"原是崇拜外国人的"，但也认可其"很能研究外国情形。有许多秘密的知识，比外国人自己还丰富"，最后引用一位德国长者的告诫"胜也罢，败也罢，就是不要同他讲和"。

由此以降，斗转星移，相似成果，不复见矣。

近年来，虽有中国学者文人撰写若干介绍、研究日本的著述，但仍显管窥蠡测之陋、凤毛麟角之稀。

二、其他国家如何看日本

至今，对日本研究最为透彻的国家首推美国，其中有两位专家影响最大,即露丝·本尼迪克特和埃德温·赖肖尔。

第二次世界大战临近尾声时,为制定对日最后决策,美国政府动员各方专家研究日本,提供资料和意见,其中包括人类学家本尼迪克特。她根据文化类型理论,运用文化人类学方法,把战时拘禁在美国的日本人作为调查对象,同时参阅大量书刊和日本的文学、电影,完成报告。其结论是:日本政府会投降;美国不能直接统治日本;要保存并利用日本原有的行政机构。1946年,她将自己的研究成果整理出版,取名《菊与刀》,向世界全方位介绍日本的历史、文化、民俗、宗教和制度,旨在"为了对付敌人的行动,我们必须要理解敌人的行为","我们必须努力弄清日本人的思想、感情的脉络以及纵贯这些脉络之中的特点和规律,了解他们在思维和行动的背后所隐藏的强制力"。

接着,长期批评美国政府对亚洲文化特别是日本文化陷于无知泥淖的学者赖肖尔连续发表学术著作,不时举办教育讲座,以促进美国对日本文化的了解。后来,约翰·肯尼迪总统任命他为驻日大使。赖氏在任期内获得了巨大成功,有效增进了美日两国的关系。

赖肖尔在这方面的研究成果有同费正清合著的《东亚:伟大的传统》(1960年),以及《日本:一个民族的故事》(1970年)、《日本人》(1977年)和《1907—1982年的日本社会》(1982年)等。

在这些研究者眼中,日本人和日本文化具有相当的独特性。

一方面,"日本人围绕着禅宗形成了一整套系统的审美观点,这些思想观念成为日本文化的永恒因素。日本人认为纤细、简单、自然乃至畸形怪状,比庞大、壮观、造作和整齐划一珍贵";另一方

面,"日本人生性极其好斗而又非常温和,黩武而又爱美,倨傲自尊
而又彬彬有礼,顽梗不化而又柔弱善变,驯服而又不愿受人摆布,
忠贞而又易于叛变,勇敢而又懦怯,保守而又十分欢迎新的生活方
式。他们十分介意别人对自己的行为的观感,但当别人对其劣迹
毫无所知时,又会被罪恶所征服。他们的军队受到彻底的训练,却
又具有反抗性"。

具体而言,表现在这样几个方面。

1. 文化素质方面

(1)善于学习

"他们保留了自己的文化特性,而且还显示出他们确实是一个
具有非凡创造能力的民族";"一贯重视非物质资源","善于吸取别
国的先进技术和文化"。

(2)崇尚教育

日本人从一开始就非常重视基础教育,从而确立了牢固的民
族国家和高等教育的基础;"是世界上受到最优秀教育的民族"。

(3)遵从集体

日本人具有酷爱成群结队的天性,"集团主义是日本民族的性
格特征";"建立了对于小团体和整个国家都非常珍贵的团结。日
本企业的成功极为依赖这种团结,而集体意识是日本民族力量的
核心"。

为了使团体制度成功地运转,日本人认为应该明智地避免公
开对抗。为避免冲突并维护集体团结,日本人广泛运用中间调停
的办法,"尽量减少直接竞争的做法贯穿于日本人的全部生活"。
所以他们不喜欢打官司,宁愿接受仲裁和妥协,"诉诸法庭是走投

无路的办法"。

（4）重视等级

日本人认为等级制度是天经地义的,身份地位举足轻重,但是阶级意识和实际的阶级差别极其单薄和微弱。他们对等级制的信赖是基于对个人与他人以及个人与国家之间的关系所持的整体观念,但并非无条件地承认等级制的优越,习惯运用一些明确的手段以调节制度,使之不致破坏公认的常规。

在家庭以及人际关系中,年龄、辈分、性别、阶级决定着适当的行为。在政治、宗教、军队、产业等各个领域都有十分周到的等级划分,无论是上层还是下层,一旦逾越其特权范围,必将招致惩罚,充分体现了"各得其所,各安其分"的信条。

同样,日本人在看待国际关系的全部问题时,也都带着等级制的观念。

（5）讲求修养

日本式的教养要求任何动作都要文静,每一句言辞都要符合礼貌。自我修养的概念大致可分为两类:一类是培养能力,另一类则不仅培养能力,而且要求更高,日语称之为"圆熟",是指在意志与行动之间"毫无障碍,纤发悉除"的体验,它使人们能够最有效地应付任何局面,用力不多不少,恰如其分,能使人控制恣意妄为的自我,不躁不乱,无论是遇到外来的人身危险还是内心的激动,都不会失去镇定。

在日本,孩子要在家里学习礼仪并细致地观察礼仪。母亲背着婴儿时就要用手摁下婴儿的头,教其懂礼节。幼儿摇摇晃晃会走路时,要学的第一课就是尊敬父兄。妻子要给丈夫鞠躬,孩子要给父亲鞠躬,弟弟要给哥哥鞠躬;女孩子则不论年龄大小,都要向哥哥和弟弟鞠躬。

（6）通达应变

"日本已经证明自己是一个生机勃勃、充满活力、能适应快速的有目的的变化的民族",对于变化着的外部局势的反应极其敏锐,能迅疾判断形势,把握时机,迎接挑战;"一旦他们选择了一条路就会全力以赴,如果失败了,就顺理成章地选择另一条路",他们认为采取了某个行动方针却未能实现目标,就会把它当作失败的主张加以抛弃。

2. 道德素质方面

日本人的人生观表现在他们的"忠、孝、情义、仁、人情"等德行规定之中。他们认为,"人的义务的整体"就像在地图上划分势力范围一样分成若干领域。用他们的话来说,人生是由"忠的世界""孝的世界""情义的世界""仁的世界""人情的世界"及其他许多"世界"组成的。

（1）忠君守法

日本人"忠"的对象转向具体的人,且特指天皇本人。从丧葬到纳税、税吏、警察、地方征兵官员都是臣民尽忠的中介。

1945 年 8 月 14 日日本投降时,日本人的"忠"向全世界展示了。在天皇尚未宣布投降之前,反对者们围住皇宫,试图阻止停战诏书的宣布;但诏书一旦宣布,他们就全都服从了。

（2）行孝敬祖

日本的"孝道"只局限于家庭内部,充其量只包括父亲、祖父,以及伯父、伯祖父及其后裔,其含义就是在这个集团中,每个人应当确定与自己的辈分、性别、年龄相适应的地位。孝道是必须履行的义务，其中甚至包括宽待父母的恶行或失德。

日本人的祖先崇拜只限于记忆中的祖先。祖先墓碑上的文字每年都要见新，若是已无记忆的祖先，其墓碑就无人过问，家里佛龛上也没有他们的灵位。日本人注重的，是现时现地。

（3）重义推诚

"在日本，'义'是靠承认一个人在互欠恩情这张巨网中的适当地位来维持的，这张网既包括其祖先，也包括其同代人。"

日本人对老师、主人负有特殊之义，因为他们都是帮助自己成长的人，对自己有恩，所以将来也可能在老师、主人等有困难时答应他们的请求，或对他们身后的亲属给予特别照顾。人们必须不遗余力地履行这种义务，而且这种恩情并不随着时间流逝而减轻，甚至时间越久，恩情越重，形成一种"利息"。所以日本人不喜欢随便受恩而背上人情债。

在日本，自尊心是与报答施恩者联系在一起的，人们把不能报恩的人视为"人格破产"之人。

在道德方面，日本人强调"诚"，"是指热诚地遵循日本道德律和日本精神所指示的人生道路"。"诚"这个词经常用来赞扬不追逐私利的人，也经常被用来颂扬不感情用事的人。

（4）知耻自律

日本人把羞耻感纳入道德体系之中。不遵守明确规定的各种善行标志，不能平衡各种义务，或者不能预见偶然性的失误，都是耻辱。他们认为，知耻为德行之本，任何人都需注意社会对自己行动的评价。他们须推测别人会作出何种判断，并针对别人的判断调整行为,其"共同特点是以操行毫无缺陷而自傲"。

他们热衷于自律和磨练毅力;日本人说的"自重",意思是自我慎重,自重也常常意味着克制。

再有,面对无法完成的复仇目标,日本人往往会倾向于毁灭自己,以"保证尊严和荣誉不被践踏"。

（5）适情享乐

他们追求享乐,尊重享乐,但享乐又必须恰如其分,不能侵入"人生重大事务",不能把享乐当作严肃的生活方式而纵情沉溺。他们把属于妻子的范围和属于性享乐的范围划得泾渭分明,两个范围都很公开、坦率。

3. 心理素质方面

（1）感情深沉

他们尽可能地掩藏自己的感情,无论喜怒哀乐,都尽量对人笑脸相迎。

（2）坚韧不拔

日本人既有一种宿命论的思想,承认自然界可怕的威慑力量,也有一种坚强的毅力,在灾难发生后重振旗鼓、发愤图强。一个由自制自律而又意志坚强的个人组成的社会能产生一种动力,据此可以解释这个民族所展现出的奋斗精神和雄心壮志。

（3）冒险挑战

他们崇尚武力,热情洋溢,激动好斗,骨子里带有天然的侵略性。

（4）谨小慎微

日本文化反复向人们的心灵深处灌输:谨小慎微,轻易不结交新朋友;但一旦成为朋友,友谊也能牢固地保持下去。

日本人的精神高度紧张,唯恐失败,唯恐自己付出巨大牺牲后从事的工作仍不免遭人轻视。他们有时会爆发积愤,表现为极端的攻击行动。

4. 劳动素质方面

他们勤奋工作,能充分地利用每一平方英尺的可耕地,绝不浪费一点点土地。

5. 身体素质方面

他们很重视锻炼,其传统包括最严酷的冷水浴。这种习惯往往被称作"寒稽古"(冬练)或称"水垢离"(用冷水洗身锻炼)。

至 20 世纪 80 年代,日本已成为世界上平均寿命最长的国家。

综上所述,日本民族实在是个具有诸多特色的民族。

三、研究、学习和超越

多数国人也许并不知道,在戊戌政变期间和辛亥革命前后,日本政要及民间人士曾经资助过中国的维新派与革命派人士。

1898 年 9 月 21 日,慈禧太后重新"临朝训政",立即下令逮捕康氏兄弟等维新派官员。梁启超前往日本使馆请求避难,日本公使林权助请示伊藤博文首相,伊藤指示:"那么就救他吧,救他逃往日本。如至日本,由我来照顾他。梁这位青年,对中国来说,实在是宝贵的人物。"林于是将梁秘密送往日本。不久,康有为、黄遵宪等人亦在伊藤等的帮助下,先后到日本避难。之后,伊藤还应英国公使要求,亲往李鸿章宅邸,为已经被捕的维新派官员张荫桓求情。

孙中山在日本期间,也多次受到日本方面的援助。1913 年 8 月,孙中山等革命党人避难日本,袁世凯曾向日本方面提出过驱逐孙的要求,遭到婉拒。正是在日本政府的着意庇护之下,孙中山才得以同日本各大财团、民间人士、浪人组织以及军部、参谋本部人士进行广泛联络,以筹措资金,组织人员,整合力量。于是乎,日本一度成为中国革命派培养、酝酿革命力量的基地。

审视日本近一个半世纪以来的发展历程,不能不认识到,正是明治维新为这个国家走向近代化和现代化、自立于世界奠定了厚实的路基,提供了巨大的动能,造就了优异的禀赋。

从这场改变日本国运的改革浪潮中,我们应能发现这个国家所拥有的素质。

第一,奋迅灵动的学习素质。

正如赖肖尔所言,日本人"对于中国,对于其他民族,从未丧失过研究的兴趣,也从未停滞过研究、思索的步伐。他们的做法是:研究、学习,然后超越"。他们尊奉"不耻效人,不轻舍己"的学习观,既勤于模仿别人,又善于在学习、吸收外国文化的同时保持自身的文化个性,亦即"能合欧化汉学熔铸而成日本之特色"。

戴季陶指出,日本明治维新的建设"并不是靠日本人的智识能力去充实起来的,而是靠客卿充实起来的。军队是德国人替他练的,军制是德国人替他定的。一切法律制度,在最初一个时代,差不多是法国的波阿索那德顾问替他一手造起的。然而指挥、统制、选择、运用,都是在日本人自己"。

相反,几乎在同一国际背景下,且先于日本启动的、以学习和引进西方长技为中心的清朝洋务运动,则继承了中国历代大一统专制王朝僵化的文化、政治基因,"畏天命,畏大人,畏圣人之言""法先王""遵守祖宗旧制",束缚于"中学为体,西学为用"的桎梏之中,"一切政教风俗皆不敢言变更"。李鸿章等重臣偏狭肤浅地以为,"中国文武制度,事事远出西人之上,独火器万不能及。……中国欲自强,则莫如学习外国利器;欲学习外国利器,则莫如觅制器之器,师其法而不必尽用其人"。倒是通商大臣张树声看得比较透彻,他认为西方国家"育才于学堂,论政于议院,君民一体,上下同心,务实而戒虚,谋定而后动,此其体也。轮船火炮,洋枪水雷,铁路电线,此其用也。中国遗其体而求其用,无论竭蹶步趋,常不相及,就令铁舰成行,铁路四达,果足恃欤"。

光从西方引入"战舰之精""机器之利"等细枝末节,忙活了三十来年的"同光新政",终于免不了"掘井九轫而不及泉,犹为弃井也"的结局。

第二,通达务实的体制素质。

胡汉民在为戴氏《日本论》所写的序中曾这样评议:"日本之一大飞跃,只是指导者策划得宜。地球上任何邦国,没有像日本指导员和民众两者间智力教育、思想、伎俩悬隔之大的,而能使治者与被治者之间无何等嫉视、不缺乏同情。就是指导者策划实施一切得宜,他们遂能成就此之当世任何大政治家毫无逊色的大事业。"

明治时期,日本建立了国会。从那时起,日本政府就已形成"由集团而非个人进行领导的优秀传统","从来没有出现过独裁者,也从来没有人企图攫取这种权力","对独裁权力乃至领袖权威的反感和对群体合作的强烈偏爱,构成了日本政治遗产的特征"。领导人"总是组成一个集体,轮流负责各种行政事务","日本人不是在高层由个人决策,而是同部属进行广泛的非正式协商,产生一致意见";"他们也明白,国家不能只局限于政府少数人的专制"。吉田茂表示,"明治时期的领导者们以天皇为中心,从自己强烈的责任感出发,保存了决定权,尤其关心如何来吸取国民的活力并如何加以运用"。

1868 年,明治天皇颁布了"五条誓文":"一、广兴会议,万机决于公论;二、上下一心,盛行经纶;三、文武一途以至庶民,各遂其志,人心不倦;四、破旧有之陋习,基于天地之公道;五、求知识于世界,大振皇基。"明确宣示了整个国家管理的准则。

回看中国的专制政权,其任何关键决策必须恭请圣谕、圣旨,惟蛰居深宫大院的最高统治者马首是瞻。这种决策体制的问题在于:因"天泽极严,君臣远隔","自内而公卿台谏,外而督抚,数百十人以外,不能递折",故"虽有四万万人,实数十资格老人支柱掩塞之而已"。身处权力中心的最高决策者凭借这样的信息通道,根本无法及时、准确地了解国家的真实情况,以致"民之所欲,上未必知之而与之也;民之所恶,上未必察之而勿之施也"。民众企盼"英明"决策,无异于缘木求鱼!而且,因群臣百姓不敢"妄议朝政",在决策的实施过程中,对目标的偏离不仅得不到迅速纠正,反而会不断加强,直至出现重大失误后才有可能被最高决策者感知,于是引起社会振荡。

如赖肖尔所见,日本人从过去的遗产中得到的"重要的政治财富,是政府具备伦理道德基础的强烈意识"。

应当承认,日本统治集团的抱负从不拘囿于政权利益,而是始终放眼于民族利益和国家利益。他们的战略目标是"看见必定要造成新的生命,然后旧的生命才可以继续;必定要能够接受世界的新文明,才能够在新世界中求生存;在国内的政治上,他更看得见一代的革命必定要完全为民众的幸福着力,必定要普遍地解放民众,才可以创出新的国家",旨在创造"为'人民的生活、社会的生存、国民的生计、群众的生命'而努力的历史"。

并且,这种统治理念和施政行为已被广大日本国民所理解和接受,实现"上下同欲"。正因如此,一百多年间,无论经济、政治、军事如何跌宕起伏,日本整个国家总能"上下一心"、全力以赴。

反观顾盼自雄的清朝,其重大举措罔顾民族、民生休戚,始终只为专制统治服务。

在甲午战争中,清廷一方面通过加征税赋维持军费,另一方面却不惜动用国库,耗费巨额银两为慈禧太后修园祝寿;参战清军治疗伤病的费用和营养费竟要个人承担,战地医疗无法保障。专制政权下,这种视百姓为草芥的愚民、殃民政策,怎么可能帮助清朝获取战场对决的胜券?

第三,睿智忠谨的精英素质。

首先是政治精英。据戴季陶考察,日本的改革"并不是由大多数农民或者工商业者的思想行动而起的,完全是由武士一个阶级发动出来的事业。开国进取的思想固不用说,就是'民权'主义,也是由武士这一个阶级里面鼓吹出来的"。

明治时期,一大批年轻的政治家、军事家和实业家得以进入政府决策集团。当 16 岁的睦仁天皇登基时,木户孝允、大久保利通、西乡隆盛等"明治三杰"的年龄分别为 35 岁、38 岁、41 岁，4 位明治维新核心人物的平均年龄仅为 32.5 岁；其余骨干人物，如板垣退助、三条实美、岩仓具视、井上馨、山县有朋、大隈重信、大村益次郎、伊藤博文和陆奥宗光等，合计平均年龄为 32.6 岁。可以毫不夸张地说，日本整个国家的领导层是个"青年团"！联系古今中外列国历代的改革案例，统治集团的年轻化乃是不可或缺的成功条件。

　　道理很浅显，社会改革说到底是思维方式与行动方式的更新。虽说年龄层次较低者难免在经验上有缺陷，但其感觉、知觉相对敏锐，富于想象和创新，思维和行动能力强。在社会发生巨大变动、传统经验价值明显衰退的条件下，与年龄层次较高者相比，年轻人更能适应社会运动的快速节奏，所以在一切改革或革命中，他们成为运动主力和核心完全顺理成章。

　　明治政治精英"细心地在政治方面划清国家职能的领域，并在宗教方面划清国家神道的领域，把其他领域留给国民去自由行事。但是，那些他们认为直接同国家事务有关的统治权，作为新的等级制度的最高官员，是牢牢掌握在自己手中的"；"在每一个活动领域中，无论是政治的、抑或是宗教的、经济的领域，明治政治家们都在国家和人民之间定下了各自所属的'适当位置'的义务"。而日本官僚群体的忠谨、效率和诚实精神，则充分保障了国家机器的平稳、高速运转。

　　其次是知识精英。吉田茂特别指出，"改革的顺利推进，不仅仅依靠完成明治维新的领导者们，还有一部分人也发挥了重要的作用，他们就是其后出现的知识分子"。这些知识分子生活在德川幕府时代末期，曾在幕府翻译部门担任职务，或者在各藩研究西方情况。他们没有参加过明治维新的工作,但是其中有像福泽谕吉那样从事近代化人才培养事业的人,也有像大隈重信那样担任着官职的人,还有些人像涩泽荣一样进入了产业界。他们虽然从事着不同的工作,但是有着一致的主张,就是大胆引进西方技术和学习西方制度。

对比清朝,在政治精英和知识精英中能"放眼看世界"者凤毛麟角,即便有像伊藤博文那样有治理行动力、福泽谕吉那样有思想辐射力的人,也难成气候。

再次是实业精英。赖肖尔十分感慨:"许多发展中国家面临着日本曾经经历过的危机和灾难,但它们的领导人却以牺牲国民的利益为代价,在国外积累了大量的个人财富。但日本,无论是合法获得的还是非法掠取的利润,都没有被隐藏到国外安全的地方,也没有挥霍在摆阔气的浪费中。这些金钱被重新投资于日本或其他地区的有益的民族事业中了。"

进入 21 世纪,人类世界在日趋激烈的全面竞争中急速发展。中国要复兴和驰骋,需要像日本那样敢于、善于向对手和敌人学习、借鉴,彻底改良和提升体制、精英和国民素质。

现在,一批 20 世纪 80 年代去日本留学的有识之士,正在为我们全面了解、深入研究日本这个近邻而系统地选择一批反映日本社会、经济、文化的书籍,编成"走进日本"丛书。出版有关日本政治、经济、文化、科技等的译著,正是中华民族亟需的一项事业。

戴季陶先生在八十多年前留言:"要切切实实地下一个研究日本的工夫。他们的性格怎么样?他们的思想怎么样?他们的风俗习惯怎么样?他们国家和社会的基础在哪里?他们生活的根据在哪里？都要切实做过研究的工夫。要晓得他的过去如何，方才晓得他的现在是从哪里来的。晓得他现在的真相，方才能够推测他将来的趋向是怎样的。……总而言之，非晓得他不可。"

而今，这一期盼终于得到了强实践行。这是善举，也是盛举，更是壮举。我们拭目以待！

i